ULRIKE SIEGEL

(Hrsg.)

„Und dann habe ich

den Hof

verlassen"

Frauen erzählen von ihrem
Abschied vom Landleben

Mein herzlicher Dank
gilt den Autorinnen, die uns mit ihren Geschichten
einen Einblick in ihre Lebenswelt gewähren.
Für diesen Mut und die Offenheit gebührt ihnen
großer Respekt.

Abschied vom Hof!

Blick zurück in Wehmut oder mit Erleichterung? In diesem Band blicken 16 Frauen auf ihr Bäuerinnen-Leben zurück. Ganz unterschiedliche Wege hatten sie einst dort hingeführt. Da sind Bauerntöchter, die das Erbe der elterlichen Höfe angetreten oder auf andere Höfe eingeheiratet haben. Daneben schreiben Frauen, die in der Stadt aufgewachsen und erst der Liebe wegen auf einem Hof gelandet sind. Die Ökobewegung der 70er Jahre hat bei einigen das Interesse an der Landwirtschaft geweckt und ihre Lebenswege dorthin gelenkt.

Alle haben sie sich für den Hof und ihre Familien engagiert. Sie haben gerne und viel in Haus, Garten, Hof und Stall gearbeitet. Mit vielen Ideen haben sie Ferienwohnungen, Hofladen, Käserei, Metzgerei, Bäckerei oder Restaurant aufgebaut und betrieben. Daneben haben sie meist mehrere Kinder geboren und erzogen. Alle wollten sie auf dem Hof ihren weiteren Lebensweg gestalten. Und für alle ist es anders gekommen. Alle haben sie wieder Abschied genommen. Abschied vom Hof, oft auch von dem Ehemann und manchmal sogar von den Kindern.

In ihren autobiografischen Beiträgen erzählen sie von den Sonnen- und Schattenseiten des Bauernhoflebens. Die Geschichten handeln vom gemeinsamen Anpacken, von weitreichenden Investitionsentscheidungen, von Risiken, die die Bauernfamilien damit eingehen. Sie zeigen den Mut zur Zukunft, der auf den Höfen vorhanden ist. Sie thematisieren das Zusammenleben mehrerer Generationen auf den Höfen mit vielschichtigen Konfliktpotenzialen, die familiären und dörflichen Zwänge, Eheprobleme und wirtschaftlichen Krisen. Darin liegen auch zugleich die Ursachen für das Verlassen oder die Aufgabe der Höfe.

Es sind Geschichten voller Tränen und Trauer um das, was sie verloren haben. Sie wagen „den Blick zurück nach vorne". Daher sind es auch Geschichten des Aufbruchs und Neubeginns. Geschichten von Frauen, die voller Mut und Zuversicht den neuen Lebensabschnitt „nach dem Hof" anpacken und ihn so gestalten, dass sie sagen können: „Es geht mir heute gut!"

Oktober 2011, Ulrike Siegel

Michaela, Agraringenieurin in Baden-Württemberg

Auf Wolke 7 davongeschwebt

Nun ist es also bald so weit – Abschied vom Hof zu nehmen, für immer. Nicht kurz im Urlaub, zu Besuch oder für ein Seminar. Nein, für immer, das ist also der Weg.

Aufgewachsen bin ich in Gütersloh, in Nordrhein-Westfalen, als Mittlere von drei Kindern und Tochter eines Arztes und einer Psychologin. Sämtliche Ferien verbrachten wir zum großen Teil in unserem Ferienhaus in Ostfriesland, inmitten von Bauern, Wiesen, Kanälen, Kühen und Pferden. Dort ging die Uhr anders, nicht nur, weil Ferien waren, auch, weil wir draußen sein konnten, beim Bauern nebenan helfen durften, Kälber auf die Welt kommen sahen, Heu machten, Pferde striegelten und Petersilie in rauen Mengen ernten durften.

Nach dem Abitur 1989 hatte ich das starke Verlangen, eine Auszeit zu nehmen, bevor das richtige Leben beginnen sollte mit Studium, Ausbildung usw. Ein Jahr ins Ausland gehen, eine andere Sprache lernen, etwas mit den Händen schaffen, mal nicht diskutieren, sondern am Abend sehen können, wie mein Tagwerk aussieht. So musste ich nicht lange überlegen, sondern entschied mich, nicht nur wegen meiner positiven Urlaubserinnerungen auf dem Land, sofort für ein Praktikum in der Landwirtschaft. Landwirtschaft in Norwegen, das wollte ich kennenlernen. Noch dazu kam ich auf einen Demeter-Betrieb, den anthroposophischen Grundgedanken lernte ich somit auch kennen.

Zum ersten Mal hatte ich die Gelegenheit, meine Grenzen zu erfahren. Da wir viele verschiedene Menschen aus vielen Ländern waren, wurde es nie langweilig und das Jahr mit all seiner Arbeit, seinem Rhythmus, seinen Jahreszeiten sollte mich für mein Leben prägen.

Abends lag ich zufrieden in meinem Bett und ich war überzeugt, endlich mal etwas „Gescheites" zu tun. Meine Eltern sahen das allerdings ganz anders. Sie warteten schon, dass ich nach dem Jahr des Rumbummelns endlich was Ordentliches machen würde, mich an einer Universität einschreiben würde und somit wieder saubere Hände und Füße bekäme. Aber es sollte ein weiteres Eintauchen in die biologisch-dynamische Landwirtschaft geben. Ich begann eine Ausbildung als Gemüsegärtnerin in Bayern auf einem Demeter-Betrieb mit Gärtnerei, Landwirtschaft und Behindertenarbeit. Dort wurde mir ziemlich schnell klar, dass mir die Landwirtschaft mehr lag als der Gartenbau und mein Herz für das Milchvieh schlug, ausgelöst durch die wunderschönen Braunviehkühe auf diesem Betrieb. Zwei weitere Jahre also, in denen auch ich mich noch besser kennenlernen konnte. Meine Grenzen spüren, andere Menschen erfahren, vor Augen zu haben, was ich erledigen kann und was nicht. Wieder die Jahreszeiten, die Launen der Natur, den Betriebsrhythmus und viel Neues aus der Landwirtschaft mit auf den Weg zu bekommen. Und als die Gesellenprüfung näherrückte und somit die Frage „Was kommt danach?!", war ich endlich, zur Beruhigung meiner Eltern, so weit, mich für das Studium der Agrarwissenschaften einzuschreiben. Natürlich wählte ich die Fachrichtung „ökologische Landwirtschaft" und wollte am liebsten noch auf einem Hof wohnen, damit der Übergang von Praxis zu Theorie nicht ganz so schmerzlich werden würde.

Und wieder kam eine Zeit auf mich zu, in der ich voll auf meine Kosten kam, ich keine Vorlesung ausließ, viele Menschen traf, viel lernte, eine Menge sonstige Aktivitäten machen konnte und erneut das Gefühl hatte, etwas wirklich Sinnvolles zu tun. Gemeinsam mit anderen. Dort lernte ich meinen späteren Mann Markus kennen, der ebenfalls ökologische Landwirtschaft studierte.

Einen wunderschönen und produktiven Sommer haben wir auf einer Alp im Berner Oberland verbracht, auf der wir angestellt waren, um das Vieh zu versorgen und Käse herzustellen. Und nach diesem Sommer kündigte sich unsere erste Tochter Lena an. Na ja, alles war etwas anders als geplant, aber nicht wirklich ein Problem, das Studium ging für uns beide bzw. für uns drei trotzdem weiter. Es kam noch einmal ein Alpsommer, die Diplomarbeiten von uns beiden und somit das Ende der vierjährigen Studienzeit.

Im Dezember 1996 zogen wir also zu dritt – Markus, Lena, die damals eineinhalb Jahre alt war, und ich – mit Sack und Pack, Möbelwagen und Entenauto ins Allgäu. Ein Konzept für den Hof hatten wir im Laufe der letzten Jahre ausgearbeitet, nicht zuletzt, weil Markus sich in seiner Diplomarbeit damit beschäftigte, wie man von einem kleinen Allgäuer Nebenerwerbsbetrieb im Vollerwerb leben kann.

Eine meiner ersten Amtshandlungen bestand darin, Mitglied des ortsansässigen katholischen Kirchenchores zu werden. Einmal, um meine neuen Nachbarn kennenzulernen, aber auch, um nicht als Exotin (Biobäuerin und Hochdeutsch) zu gelten. Viel später erst gestand ich, dass ich evangelisch bin. Heute weiß ich die katholische Kirchenmusik sehr zu schätzen und das Singen begleitet mich nach wie vor sehr intensiv.

In den kommenden Jahren entwickelte sich der Hof prächtig. Unser Konzept bewies sich, wir waren nicht gezwungen, dem üblichen Trend – größer, schneller, intensiver – zu folgen, sondern konnten unsere Hofgröße von 20 ha und zwölf Milchkühen beibehalten. Eine intensive Direktvermarktung, Kulturheidelbeeranbau und zwei Ferienwohnungen führten zum Erfolg.

Im Herbst 1997 kam unsere zweite Tochter zur Welt. Nach und nach merkte ich, dass die Hauswirtschaft das eigentliche Herzstück eines landwirtschaftlichen Betriebes ist. Steht nahrhaftes, gesundes Essen auf dem Tisch, ist der Wohnraum liebevoll gestaltet und das allgemeine Ambiente in Ordnung, fällt allen Hofbewohnern das Arbeiten leichter und es beeinflusst maßgeblich die allgemeine Stimmung.

Ich besuchte den Meisterkurs für ländliche Hauswirtschaft und bildete auch bald die ersten Hauswirtschaftslehrlinge aus. Dies war eine große Herausforderung für mich, vor allem im zwischenmenschlichen Bereich. So eng zusammenzuwohnen und zusammenzuarbeiten, einerseits ein freundschaftliches, andererseits ein klares Chefin-Lehrlings-Verhältnis zu pflegen, das unter einen Hut zu bekommen, war nicht ganz leicht. Aber ich habe viel gelernt und freue mich nach wie vor, wenn die ehemaligen Auszubildenden mich besuchen und von ihrer Lehrzeit aus ihrer Sicht erzählen.

In den folgenden Jahren beschäftigte ich mich viel mit den Themen Ernährung, Bewegung und Entspannung und machte einige Zusatzausbildungen in dieser Richtung.

Der Hofalltag bot trotz aller Arbeit immer noch Zeit für Fortbildungen, Kurse und Seminare. Der Hof war immer meine feste Basis, von wo aus ich mich in diverse Richtungen engagieren konnte, um aber immer wieder zurückzukommen. Mit neuem Engagement konnte ich mich über meinen Alltag freuen und die neu gewonnenen Erkenntnisse ins Hofgeschehen einbringen. So sah ich den Hof stets als meine feste Scholle, als Basis, als einen Platz, mit dem ich mich fest verwurzelt fühlte, der aber gleichzeitig genügend Freiräume für anderes bot.

Im Jahr 2003 bauten wir ein fünfeckiges Haus, baubiologisch gut durchdacht, mit Ferienwohnung und Lehrlingszimmer für Markus und mich als Altenteilerwohnung, die so lange vermietet werden sollte, bis wir sie benötigten. Ja, ja, so war es gedacht ...

Im Jahr 2007 stellte ich wieder eine hauswirtschaftliche Auszubildende ein. Es war im Großen und Ganzen für alle Beteiligte ein gutes Jahr, wir haben uns gut verstanden, ich habe ihr alles beigebracht, was ich an Wissen weitergeben konnte, und ihr gefiel das Leben auf dem Hof so gut, dass sie sich unbedingt auch nach einem Hof, einem Bauern und Kindern umsehen wollte.

Wie auch immer, es sollte wohl so sein: Die Kinder und ich waren im Urlaub, sie todtraurig und der Bauer als Tröster allein auf weiter Flur. Was zuerst ein spannendes Techtelmechtel war, wurde zu einer heimlichen Affäre und führte später zum GAU, für mich jedenfalls. Im Januar 2008 kam heraus, dass die beiden ein Verhältnis hatten, was mir buchstäblich den Boden unter den Füßen wegzog. Wir holten sofort fachliche Hilfe ins Haus, um unser Problem zu lösen, aber es dauerte nur zwei weitere Tage des Ringens, bis Markus erklärte, er habe sich schon entschieden, mich zu verlassen.

Im Nachhinein kommt mir diese Zeit im Winter 2008 wie ein langes Luftanhalten vor. Starr vor Schreck blieb die Zeit stehen. Ein Teil unserer Kühe wurde krank, sie fraßen nicht mehr, gaben deutlich weniger Milch, außerdem kam es zu Fehlgeburten im Stall. Für mich war deutlich, dass sie krank vor Kummer waren, erst als ich eine Heilerin, die es im Allgäu noch öfters gibt, um Hilfe bat, erholten sie sich langsam wieder.

Ich zog mich ein paar Tage in ein Kloster in der Nähe zurück. Dort wurde mir ganz klar, dass meine Zeit am Hof noch nicht abgelaufen war, sondern dass es nach wie vor mein Platz sein sollte. Zu der Zeit hatte ich immer noch das Gefühl, dass wir als Familie zusammengehören und wir nur die nötige Hilfe bekommen müssten, um unsere Probleme zu bewältigen. So verkündete ich also nach meiner Rückkehr mit einer ordentlichen Portion Mut und Zuversicht auf das Lösen unserer Probleme, dass ich bleiben würde. „Na, dann geh eben ich!", war die Antwort meines Mannes, und eh ich mich's versah, war er über alle Berge. Auf Wolke 7 davongeschwebt, weit weg von Betrieb, Kühen, Kindern, Frau, Mitarbeitern, Mitbewohnern.

Nun sollte eine heftige Zeit auf mich zukommen, mit diversen Baustellen: Hof, Kinder, ich selber, Trennung, Scheidung und Arbeit ohne Ende.

Gleichzeitig war es eine intensive Zeit. Jeden Tag rief jemand an und bot mir seine Hilfe an; das soziale Netz hat unglaublich funktioniert. Ich lernte das Führen des Betriebes mit allem, was dazugehört und was wir uns vorher als gutes Team geteilt hatten. Ich durfte ein sehr intensives Verhältnis zu meinen tapferen Töchtern entwickeln, die ihren Papa sehr vermissten und doch mutig ihren Weg weitergingen. Auch einen neuen Umgang mit den Mitarbeitern und Mitbewohnern konnte ich entwickeln. Es musste nicht immer alles gut und eine heile Welt sein, stattdessen haben wir gelernt, mit Konflikten umzugehen und gemeinsam zu Problemlösungen zu kommen, die von allen Beteiligten mitgetragen werden. Oft waren mir diese ganze Aufgabe und vor allem die Verantwortung, die sie mit sich zog, viel zu viel und viel zu schwer. Und doch fand sich immer Hilfe und tolle Menschen bereicherten weiterhin den Hof.

Mit der Zeit fühlte ich mich der neuen Aufgabe immer besser gewachsen und es entwickelten sich vor meinem inneren Auge viele neue Ideen und Zukunftspläne für den Hof. Sie sind nach wie vor da und lassen sich so leicht nicht verdrängen, werden aber wohl nie Realität, denn im Oktober 2010 verkündete mir mein Exmann und eigentlicher Hofeigentümer, dass er selber den Hof bewirtschaften wolle und ich somit gehen müsse.

Und das gerade, als ich mir ganz sicher war, dass ich diesen Betrieb bewirtschaften möchte, solange die Kinder noch zur Schule gehen, und ich vor allem der Aufgabe auch gewachsen bin. Das gibt mir doch zu denken und ich frage mich, ob mein Platz nicht doch woanders sein soll, weshalb nun der Abschied von meinem Leben hier zwangsläufig vor der Tür steht.

Es bleiben mir im Moment noch vier Monate auf dem Hof. Außer mir gehen alle, die zurzeit hier wohnen. Der Hof wird also für eine neue Ära frei.

Nie hätte ich gedacht, dass es so gehen könnte. Es erstaunt mich, wie schwierig und essenziell die zwischenmenschlichen Beziehungen sind. Ich hatte immer ein herzliches und enges Verhältnis zu meinen Schwiegereltern und meiner Schwägerin. Am Anfang, als ihr Sohn und Bruder mir nichts, dir nichts verschwand, waren alle geschockt und empört, bestürzt und entsetzt. Sie halfen mir und stärkten mir den Rücken, wofür ich ihnen sehr dankbar bin. Doch im Laufe der Zeit hat sich ihre Haltung mir gegenüber sehr geändert. Kaum waren wir geschieden, er wieder verheiratet und eine neue Schwiegertochter in der Familie, kühlte sich das Verhältnis zu mir rasant ab. Abgrenzung, Ablehnung, falsche Unterstellungen und die klare Aussage, ich habe auf dem Hof nichts zu suchen, er gehöre ihrem Sohn und ich solle ihm nicht den Platz wegnehmen, gehören auch zu dieser Geschichte. Einerseits kann ich sie verstehen, sie haben ihrem Sohn den Hof vererbt, nicht mir. Andererseits sind seine Kinder aber hier und irgendwie hat er schließlich die ganze Geschichte ins Rollen gebracht.

Diese plötzliche, starke Ablehnung von dem Rest meiner angeheirateten Familie so gnadenlos zu spüren, hat mich wirklich getroffen und vielleicht ist es zwischen den Zeilen zu lesen, dass ich diesen Brocken erst noch verdauen muss.

Vielleicht ist es ja etwas sehr „Hoftypisches", da gelten ganz andere Familienbanden, und wer echt in der Familie ist, also in sie hineingeboren ist, von dem wird so manches geduldet, ohne es zu hinterfragen. Pech für die andere Seite, auf der in diesem Fall leider ich selber stehe.

Kann man die sogenannte Laune der Natur nicht mit der Laune eines Hofes in Verbindung setzen? Die Natur schenkt uns so viel, wir dürfen reich ernten, wir dienen ihr, sind aber gleichzeitig von ihr abhängig. Teilweise macht sie etwas, das wir nicht nachvollziehen können, uns in unserem Alltagsleben vollkommen aus der Bahn wirft und sogar existenziell bedroht.

Auch der Hof hat für mich gesorgt, ich habe ihm gedient, durfte ernten, nutznießen, Erfahrungen sammeln und war aber auch immer abhängig von ihm.

Wenn ich an die letzten fast 15 Jahre zurückdenke, erfüllt mich zuallererst eine große, tiefe Dankbarkeit, worüber ich sehr froh bin, da das Ende meiner Hofzeit und die Strapazen der letzten Jahre nicht den eigentlichen Reichtum dieses landwirtschaftlichen Betriebes verdecken.

Und so möchte ich an dieser Stelle meine persönliche Dankbarkeitsliste für das Hofleben erstellen:

Ich bin dankbar für eine wunderschöne Umgebung, den tollen, gesunden Platz Erde, die Intensität des Grüns und Gelbs des Löwenzahns, der zurzeit blüht, für meinen Garten und seine alljährliche Ernte, für die schönsten Braunviehkühe im ganzen Allgäu, für alle Menschen, die mich hier begleitet haben, die Mitbewohner, Feriengäste, Kunden, Praktikanten, Lehrlinge, Besucher, Kollegen, dafür, dass meine Kinder an einem solch schönen Ort 15 und 13 Jahre lang leben durften, für alle Hilfe, für sämtliche Lernerfahrungen, für genügend Freizeit und Freiräume, für alle Erfahrungen, Irrtümer und Neuentdeckungen, den täglichen Rhythmus, vor allem durch die festen Stallzeiten, für jeden Tag und jede Stunde, für das volle Eintauchen in meine Arbeit, mit Herz, Verstand, mit Haut und Haaren ...

Danke dafür!

Wenn Sie, liebe Leserinnen und liebe Leser, diese Geschichte lesen, bin ich schon an einem anderen Ort, den ich zum heutigen Zeitpunkt noch nicht kenne. Noch sitze ich an meinem Lieblingsplatz der letzten 15 Jahre und schreibe diese Zeilen. Mein Plan ist es, weiter im biologisch-dynamischen Land- und Gartenbaubereich zu bleiben. Einen Hof wie diesen an anderer Stelle kann ich wohl alleine nicht stemmen, es kommt also etwas Neues. Aber eines ist sicher, ich werde alles Positive, das ich durch mein Leben auf dem Hof erfahren durfte, mitnehmen. Und das ist viel und äußerst wertvoll. Das Negative lasse ich selbstverständlich hinter mir und werde es allenfalls als Lernerfahrung abhaken.

Mir selber wünsche ich einen schönen neuen Ort, an dem ich mich ebenso gut entfalten kann, wie ich es hier konnte. Und dem gehe ich nun mit positiver Zuversicht und reich gefülltem „Rucksack" entgegen!

Kristine, Laborantin in Schleswig-Holstein

Land verkauft man nicht

Mein Abschied vom Hof verlief scheibchenweise, eigentlich mein ganzes Leben hindurch. Immer wieder musste ich ein Stückchen verabschieden. Aber ich wehrte mich.

Als ich zwölf Jahre alt war, sollte um unsere nahegelegene Kreisstadt eine vierspurige Umgehungsstraße gebaut werden. Für die Streckenführung gab es zwei Optionen. Eine davon hätte unser bestes Ackerland zerschnitten und zerstört. Ich war entsetzt und entwickelte in meiner kindlichen Fantasie verschiedene Schikaneaktionen, mit denen ich den Autofahrern jedes Wochenende auf ihrem Weg zum Strand das Leben schwermachen wollte. „Niemals überlasse ich denen unser Land kampflos!" Glücklicherweise ist es weder zum Bau der Straße noch zu den geplanten Schikanen gekommen. Aber ich erinnere mich sehr gut an das Gefühl, das Land verlieren zu können, und an die Ängste, die meinen Vater damals stark beschäftigten.

Wie wichtig der Hof und das Land unserem Vater und Großvater waren, wurde uns drei Geschwistern immer wieder bewusst gemacht. Mein Großvater begann die Bewirtschaftung unseres Betriebes vor 100 Jahren als Pachtung vom nahe gelegenen Gutshof und musste damals noch Hand- und Spanndienste leisten für den Gutsbetrieb. Mit der Bodenreform 1937 konnte er den Hof durch einen 60 Jahre währenden Kredit käuflich erwerben, die letzte Rate zahlte ich 1997. Mein Vater nutzte Ende der 50er Jahre die Wirtschaftswunderatmosphäre und baute den Hof zu einem wirtschaftlich effizienten Milchviehbetrieb aus, der drei Generationen bis in die 90er Jahre ernähren sollte.

Einer der Leitsätze unserer Familie neben „Land verkauft man nicht" war: „Bring den Betrieb in die nächste Generation!" Nur, die nächste Generation war nicht so, wie meine Eltern es sich gewünscht hatten. Mein vier Jahre älterer Bruder hatte durch einen Geburtsfehler eine schlechte Konstitution, mit mehreren Krankenhausaufenthalten im Kindsalter und Lernbehinderungen in der Schule. Ich kam dann als gesundes Kind zur Welt, nur leider als Mädchen. Und meine ebenfalls gesunde, drei Jahre jüngere Schwester zeigte sich im Kindesalter zwar als sehr naturverbunden und anpackend, aber auch als ausgemachter Dickschädel, der immer seinen Kopf durchzusetzen wusste. Ich dagegen war immer irgendwie pflegeleicht, angepasst und wagte kaum zu widersprechen.

Bezeichnend war der Spruch meines Vaters, den ich sehr häufig zu hören bekam, wenn etwas getan werden musste, worum wir uns alle drei lieber drückten. „Tine, das machst du!" „Wiesooo? Ich kann das nicht!" „Denn lehrst du dat!" (plattdt.: „Dann lernst du das."). Ende der Diskussion! Ob es Treckerfahren im Alter von vier Jahren war, den Besamungstechniker anrufen mit 15 Jahren oder 16-jährig mit übervollem Kornwagen zur Raiffeisengenossenschaft im Nachbarort inklusive waghalsigem Manöver auf die Rampe und das noch unter Zeitdruck, damit der Mähdrescher nicht warten musste. „Denn lehrst du dat!", ist für mich zu einem Lebensmotto geworden. Sich drücken oder eine Sache über die Zeit verschleppen rächte sich immer. Irgendwann musste ich mich den Herausforderungen doch stellen. So habe ich gelernt, die Probleme lieber gleich anzupacken, statt sie erst auf die lange Bank zu schieben, auch wenn davor häufig Tränen standen.

Nach der Realschule wusste ich nicht so recht, was ich machen wollte. Biologie und Mikroskop interessierten mich. Mithilfe der Beziehungen meines Vaters zur Landwirtschaftskammer bekam ich dann trotz eines mittelmäßigen Abschlusses eine Ausbildungsstelle zur veterinär-medizinischen Laborantin in Kiel. Ich verließ den Hof zum ersten Mal im zarten Alter von 16 Jahren. „Endlich raus", freute ich mich. Aber schon nach vier Wochen „Freiheit" wollte ich die Lehre so schnell wie möglich beenden und zurück nach Hause. Diesmal machte mir die Liebe einen Strich durch die Rechnung und so zog ich drei Jahre später mit meinem Freund zusammen. Ich fand einen Job am Humangenetischen Institut der Uniklinik Kiel.

Meine Schwester verbrachte nach der Schule erst ein Jahr in London und wurde dann Schifffahrtskauffrau in Hamburg. Unser Bruder unterstützte unsere Eltern, so gut er konnte. Er war ein kräftiger Bursche geworden, aber er konnte mit Unberechenbarkeiten nicht umgehen. Wenn wir zum Beispiel die Kühe im Sommer zum Melken von der Weide in den Anbindestall holten, kannten die intelligenteren unter ihnen genau ihren Platz. Die jüngeren und die dummen dagegen brachten immer alles durcheinander, indem sie sich auf die Plätze der ranghöheren Tiere stellten und sich dorthin drängelten, wo schon alles besetzt war. Manche machten sich wohl auch einfach einen Spaß daraus, uns und die anderen Tiere zu ärgern. Mein Bruder hasste dieses Durcheinander und konnte nicht verstehen, wieso ein Teil der Kühe einfach zu dämlich war zu lernen, welche Plätze noch frei waren. Häufig endete das Durcheinander in lautstarken Auseinandersetzungen zwischen Tier und Mensch.

Zur Erntezeit war es für meine Schwester und mich eine Selbstverständlichkeit, nach Hause zu fahren um zu helfen. Wir mochten das Heueinfahren, das Packen auf dem Heuboden bei 35 Grad und hoher Staubdichte, aber begehrter war der Platz auf dem Wagen, um die Ballen auf das Förderband zu werfen. Durchgeschwitzt und mit juckender Haut freuten wir uns dann nach getaner Arbeit auf die Erdbeertorte im Garten mit der ganzen Hilfsmannschaft. Und besonders groß war die Erleichterung, wenn wir das alles fertiggebracht hatten vor dem großen Gewitter, das sich schon bedrohlich lautstark ankündigte.

Wenn es nötig war, opferten wir auch mal ein paar Urlaubstage. In meinem dritten Lehrjahr nahm ich meinen gesamten Jahresurlaub, um den Hof zu führen und damit unseren Eltern eine vierwöchige gemeinsame Kur zu ermöglichen. Mitten im Juli wurde ihnen ein Kurplatz in Bad Zwischenahn zugewiesen. Meine Geschwister und ich übernahmen die Arbeit zu Hause. Und wieder kam der Spruch zum Tragen: „Denn lehrst du dat!" Neben der täglichen Melkarbeit stand die Gerstenernte ins Haus. Wann unser benachbarter Lohnunternehmer zum Dreschen kommen sollte, war meine Entscheidung. Nie zuvor habe ich eine Entscheidung dieser Tragweite selbst treffen müssen. Ich habe zwar von meinem Vater gelernt, die Kornreife zu beurteilen und eine Probe für die Feuchtigkeitsprüfung zu nehmen, aber fühlte mich unsicher in der Beurteilung, wie beständig das Wetter sein und ob die Zeit reichen würde, um das Stroh zu pressen und einzufahren. Die Entscheidung zu verschieben, wäre die falsche Entscheidung gewesen. Also beriet ich mich mit den benachbarten Landwirten, den Vätern meiner Freunde, um den Druschzeitpunkt zu bestimmen. Dies aber mit der Angst im Kopf den selbigen vom Vater abgerissen zu bekommen, falls die Entscheidung die falsche wäre. Aber es ist mir gelungen, mein Kopf ist noch dran.

Die nächsten Jahre verwendete ich nicht sehr viele Gedanken an zu Hause, außer zur Ernte und zu Weihnachten. Ich mochte meine Chromosomenanalysen im Labor und engagierte mich im Ruderclub für die Pressearbeit, da mein Freund zu der Zeit als Trainer fungierte und wir häufig deutschlandweit auf Ruderregatten unterwegs waren.

Unsere Partner konnten den Arbeitseinsatz meiner Schwester und mir zur Ernte bei bestem Strandwetter nicht nachvollziehen. Sie halfen uns nur selten. Es waren dennoch unbeschwerte Jahre. Ich machte mir keine Gedanken um den Hof, unsere Eltern waren relativ fit und eine baldige Nachfolge stand noch nicht im Raum. Heute weiß ich, dass die ungeklärte Zukunft des Hofes für unseren Vater eine Belastung war, aber er drängte meine Schwester und mich nicht. Trotzdem gab es manchmal Andeutungen, die mich unterschwellig ansprachen und wegen derer ich mich immer häufiger verantwortlich fühlte, meinem Vater eine Perspektive für den Hof zu bieten. Als wir gemeinsam eine Stute von der Hengststation abholten, fragte er mich beispielsweise, ob er die 3 ha große Weide unseres Nachbarn kaufen sollte. Ich wusste, dass dies wieder einen langfristigen Kredit bedeuten würde, aber ich konnte ihm darauf keine Antwort geben. Ich spürte, wie gerne er gehört hätte: „Ja, mach das, wir stocken die Kuhzahl auf, ich übernehme den Betrieb!" Aber so weit war ich nicht! Mein Bruder kam durch seine Behinderung für eine Nachfolge nicht in Frage und meine kleine Schwester machte zunehmend deutlich, dass ihre Lebensplanung die Richtung Landwirtschaft nicht vorsah.

Nach ein paar Jahren intensiver Arbeit am Mikroskop plagte mich die Eintönigkeit dieser Tätigkeit und der Ehrgeiz, noch mal etwas zu verändern, bevor die nächste und letzte Steigerung des Frauen-Lebens die Hochzeit und der Nachwuchs sein sollten.

Ich entschloss mich, meine Stelle in der Humangenetik aufzugeben und auf dem zweiten Bildungsweg das Abitur nachzuholen, welches mir zehn Jahre nach meinem mittelmäßigen Realschulabschluss mit „sehr gut" gelang. Ich bewarb mich bei der Zentralvergabestelle um einen Studienplatz für Biologie im norddeutschen Raum, angeboten wurde mir einer in Frankfurt am Main, wohin ich als ostseeluftverwöhnte Holsteiner Deern partout nicht wollte. Zu viele Veränderungen auf einmal waren mir dann doch zu unheimlich, zumal gerade meine Beziehung zu meinem landwirtschaftsresistenten Rudertrainer zerbrochen war und ich unsere wunderbare Wohnung am Nord-Ostsee-Kanal gegen eine WG in der City getauscht hatte.

Also entschied ich mich, in Kiel zu bleiben, und hielt es zur Freude meiner Eltern für eine gute Idee, mich für Agrarwissenschaften einzuschreiben, obwohl ich immer noch nicht wusste, ob ich den Hof wirklich übernehmen wollte und konnte. Außerdem hoffte ich, dabei einen landwirtschaftskompatiblen Mann zu finden. Leider war ich durch mein verspätetes Abitur etwa fünf Jahre älter als meine Kommilitonen, was meine Chancen erheblich minderte. Das Studium machte mir viel Spaß und durch ein elternunabhängiges BAföG, Kneipenjob und Aushilfe in „meinem alten" Labor kam ich gut über die Runden. Das Vordiplom hatte ich gerade abgeschlossen, als ein Schicksalsschlag mein Leben nachhaltig erschütterte.

Während der Wintersemesterferien war ich gerade zu Hause, als mein Vater die Nacht durch einen „sekundenschnellen Herztod" nicht überlebte. Der Notarzt und das Beerdigungsunternehmen hatten morgens um 5.30 Uhr gerade den Hof mitsamt unserem Vater verlassen, als der Tag anbrach und es für uns hieß: Stallzeit! Kühe melken! Fassungslos und unfähig zu reden verrichteten meine Mutter, meine Geschwister und ich die Arbeit. 44 Kühe waren zu melken, 50 Jungrinder und Kälber, 250 Schweine sowie sieben Pferde zu füttern und zu misten und 64 ha Fläche würden in nächster Zeit auf mich warten.

13 Jahre nach Verlassen des Hofes wurde mir schlagartig klar: „Das ist jetzt dein Job!" Ich verbot mir sämtliche Gefühle und verdrängte meine Wünsche und Vorstellungen und funktionierte. Mein Studium war mir eine große Hilfe, aber mangelnde Erfahrung ließ mich trotzdem viel Lehrgeld bezahlen. Ich verpasste manchen Besamungszeitpunkt bei den Kühen oder gab viel Geld aus, z.B. für eine Medikamentendosierungsanlage für die Schweinevormast.

Die erste Gerstenernte hätte mich diesmal allerdings den Kopf gekostet. Das Frühjahr war unglaublich trocken und der zu spät einsetzende Regen ließ die Gerste extrem ungleichmäßig wachsen und reifen. Die Fahrgassen und Wender waren noch grün, während alles andere schon in Kornreife ging. Nach Beratung mit meinem Lohnunternehmer entschieden wir die Gerste in Schwad zu legen, wie es früher bei Raps üblich war; drei Tage später setzte Regen ein, der unerwartet drei Wochen lang anhielt. Die Gerste war hinüber und der qualitativ miserable Ertrag reichte nicht mal, um die Druschkosten zu decken. Welch eine Fehlentscheidung! Und wie peinlich! Andererseits konnte ich aber auch Erfolge verzeichnen. So gelang es mir beispielsweise, die Milchleistung zu erhöhen und eine Holsteiner Nachwuchsstute nach Amerika zu verkaufen.

Aber wie oft stand ich weinend im Stall und rief meinen Vater an, er möge mir Hilfe schicken.

Da ich als Erstes die arbeitsintensiven Futterrüben abgeschafft hatte und das dafür vorgesehene Land mit Mais bestellen ließ, blieben noch 2 ha Hafer zu säen. Beim vierten Zentner Saatgut, der in die Drillmaschine zu heben war, holte ich unseren Frontlader zu Hilfe und hoffte unter Tränen, dass mich niemand dabei beobachtete. Manche Nacht bin ich mit Muskelkrämpfen in Armen und Beinen aufgewacht.

Zu diesem Zeitpunkt hatte ich eine noch junge Beziehung zu einem landwirtschaftszugeneigten Maurer, was sich häufig als sehr praktisch erwies. Ich war froh, dass er da und hilfsbereit war.

Mein Leben war nur auf den Hof ausgerichtet, ich versuchte zwar noch, ein paar Vorlesungen an der Uni zu besuchen, aber das war ein sinnloses Unterfangen, da ich viel zu müde war und keinen dauerhaften Einsatz für das Studium bringen konnte. Somit hatte ich fünf Semester in den Sand gesetzt und sollte keine Möglichkeit haben, einen Abschluss zu machen, wie sich später herausstellen sollte.

Ich war komplett aus meinem bis dahin existierenden Leben herausgerissen und stand unter dem Druck, einen laufenden, mittelständischen Milchviehbetrieb erfolgreich am Leben zu erhalten. Es bedeutete für mich eine große Anstrengung und unter den kritischen Blicken der Nachbarschaft lastete ein hoher Erwartungsdruck auf mir.

Durch einen Moment der Unachtsamkeit wurde ich schwanger, und das gleich zweimal in zwei Jahren. Die Prioritäten lagen damals eben woanders. Für meine Mutter war das ein Lichtblick, für mich zunächst ein Mehr an Verantwortung und Arbeit. Heute bin ich glücklich über zwei großartige Kinder. Wäre ich aufmerksamer gewesen, hätte ich wahrscheinlich bis heute keine Kinder, weil es nie gepasst hätte. Manchmal muss man dem Schicksal auch dankbar sein.

In dieser Zeit gerieten meine Mutter, mein Bruder und ich häufig an unsere körperlichen und psychischen Grenzen. Als ich im siebten Monat schwanger war, sollte eines unserer Charolais-Rinder zum ersten Mal kalben. Das Kalb war sehr groß und die junge Kuh unerfahren. Die Klauen des Kalbes und das Maul mit heraushängender Zunge waren zu sehen, aber es ging nicht voran und die Kuh wollte sich nicht hinlegen. Mein Bruder und ich entschieden nach einiger Zeit des Stillstandes, das Kalb per Geburtshelfer aus der stehenden Kuh herauszuziehen, bevor es beiden schlechter ging. Allerdings sorgte ich mich angesichts des Krafteinsatzes und des großen, schweren Kalbes um mein eigenes Baby. Aber das Kalb hing schon zu lange im Geburtskanal, ich wollte auch sein Leben nicht riskieren. Vorsichtig gingen wir ans Werk und hatten an dem großen Kalb schwer zu tragen, aber wir haben es alle gut überstanden.

Zwei Jahre später riet unser Steuerberater uns aufgrund unserer angeschlagenen mentalen Verfassung, den fast schuldenfreien Betrieb einzustellen. Kurz vor dem langen, heißen, trockenen Sommer in Schleswig-Holstein verkaufte ich die Milchkühe und Jungrinder an einen expandierenden Milchviehbetrieb an der Westküste zu einem passablen Preis, der später durch BSE nie wieder zu erzielen gewesen war. An dem Tag, als zwei große Tiertransporter die Kühe abholten, verließ unsere Mutter den Hof, um sich den Anblick zu ersparen. Unter Tränen verabschiedete ich meine Kühe und bin dann zwei Stunden in der Feldmark umhergelaufen mit ein wenig Erleichterung im Bauch, aber auch einem unendlichen Gefühl des Versagens, und bat mit Blick gen Himmel meinen Vater um Vergebung.

Ich konnte dann das Pachtland an die Eigentümer zurückgeben und das Eigenland sowie die Milchquote verpachten. Mein Bruder fand einen Job auf dem nahe gelegenen Golfplatz und unsere Mutter freute sich darauf, in ihr Altenteilhaus zu ziehen, das bis dahin vermietet gewesen war.

Mein Maurer und ich bauten die Schweineställe zu Pferdeboxen um. So konnten wir in Boxen und Gruppenhaltung bis zu 25 Pferde unterbringen. Ich führte den Hof mit 7 ha Grünland als Pensionspferdebetrieb und eigener kleiner „Holsteiner" Zucht weiter. Da mein Freund seine eigene Firma in Hamburg hatte und ich mit zwei kleinen Kindern ausgelastet war, bekam ich jetzt öfter Hilfe von meiner Schwester, die mittlerweile in den Nachbarort gezogen war und auch eine Tochter bekommen hatte. Wir misteten gemeinsam die Boxen, während unsere Kinder die Stallgasse zur Bobby-Car-Rennstrecke umfunktionierten. Die Sache lief rund, bis mein Freund mit seiner Firma in Schwierigkeiten geriet und diese aufgeben musste. Daraufhin wechselten wir die Rollen und er wurde Haus- und Hofmann. Ich fand erstaunlich schnell eine Vollzeit-Stelle als Laborantin für Chromosomenanalyse in Hamburg. Mit Fahrzeit war ich täglich elf Stunden aus dem Haus, meine Kinder waren drei und vier Jahre alt, es zerriss mir das Herz, aber wir brauchten das Geld. Zu allem Überfluss zerbrach dann noch die Beziehung und der Vater meiner Kinder zog aus. Glücklicherweise gab mein Chef mir die Möglichkeit, die Arbeitszeit auf zehn Tage im Monat zu reduzieren. Ich verkleinerte die Pensionspferdehaltung, vermietete einen Stall als Lagerraum und spannte meine Mutter wieder in die Kinderbetreuung ein. Wir kamen nur leidlich über die Runden, aber ich hatte wieder mehr Zeit für meine Kinder und ein etwas weniger schlechtes Gewissen.

Dann ergab sich für mich die Möglichkeit, die kleine Hauskoppel zu Bauplätzen zu machen, dies allerdings nur in Eigenregie. Da ich noch etwas Kapital aus dem Milchquotenverkauf hatte, den ich im Jahr 2000 abwickeln konnte, gründete ich eine Erschließungsgesellschaft mbH und der Hof leistete gute Dienste als Sicherheit für die Ausführungskredite. So ließ ich eine Straße bauen und konnte elf Bauplätze vermarkten. Was jetzt so schnell dahingeschrieben ist, hat in Wirklichkeit von der Planung bis zur Widmung der Straße an die Gemeinde und den Verkauf des letzten Grundstücks etwa zehn Jahre gedauert und auch manche Angstpartie bedeutet. Aber: „Ick heff wat lehrt" (plattdt.: „Ich habe etwas gelernt") und bin stolz, auch diese Herausforderung gemeistert zu haben. Ich habe viele nette Nachbarn bekommen, wir sind eine tolle Gemeinschaft geworden und laden uns gegenseitig zum Osterfeuer, zur Silvesterparty oder zum „Babybier" ein.

In der Zeit der Bauphase verliebte ich mich in den Lohnunternehmer, der schon seit Jahren auf unserem Betrieb die Rundballen presste. Wir hatten schon länger ein Auge aufeinander geworfen, aber die Umstände erlaubten nicht mehr. Jetzt waren wir beide frei und später erzählte er mir, dass mein Vater einmal zu ihm gesagt habe: „Du wöörst good to min Dochter passen!" (plattdt.: „Du würdest gut zu meiner Tochter passen.")

Es wurde eine schöne Beziehung, meine Familie und die Kinder mochten ihn sehr, er war Landwirt und Lohnunternehmer, was wollte ich mehr?! Nur: Sein Betrieb lag 20 km entfernt! Was tun?

Ich wagte ein zweites Mal den Hof zu verlassen. Ich gab die Pensionspferdehaltung auf, schulte die Kinder um, gab meinen Laborjob auf und zog zu ihm in sein gerade fertiggestelltes neues Haus, um dort ein Haus- und Lohnunternehmerfrauenleben zu führen. Ich hoffte, für meine Kinder endlich ein „normales" geregeltes Familienleben entwickeln zu können, und so kümmerte ich mich um sein Haus, seinen Hof, seine Eltern, seine Kunden, Telefon, Rechnungsstellung, Ersatzteile und Essen für alle Angestellten auch mal nachts um 2 Uhr.

Mein Sohn freute sich über die vielen Maschinen und den Trubel auf dem Betrieb, aber meine Tochter war traurig, weil sie ihr Pony nicht mitnehmen konnte, da es wegen einiger Schafe unerwünscht war. Alles schien sich trotzdem einzuspielen, wären da nicht auch meine Mutter, mein Bruder und mein Hof gewesen, der zu dem Zeitpunkt leer stand. Es fiel mir schwer, ihn zu verpachten, und es tat mir in der Seele weh, ihn so verlassen zu sehen.

Unsere Beziehung begann zu wackeln. Das Verhältnis zu seinen Eltern wurde immer angespannter, meine Kinder bekamen immer mehr Aufenthaltsverbote für bestimmte Teile des Hofes und mit meinem eigenen Hof wollte mein Partner nichts zu tun haben. Alle Prioritäten lagen nur auf dem Lohnunternehmen. Nach drei Jahren eskalierte die Situation und ich bin mit meinen Kindern Hals über Kopf zurück nach Hause geflüchtet. Wieder Umschulung, wieder Jobsuche! Ich fand wieder sehr schnell Arbeit und war fortan halbtags tätig in der Tuberkulosediagnostik, was sehr interessant, aber auch gefährlich war.

„O.K.", dachte ich mir, „der Hof spielt also eine zentrale Rolle in deinem Leben." Also steckte ich Geld hinein, um unser 140 Jahre altes Bauernhaus schöner und energieeffizienter zu machen. Über die Jahre erneuerte ich Fenster, Fußböden, Bäder und die Heizung. Ich nahm die Pensionspferdehaltung in kleinem Rahmen wieder auf und meine Mutter und mein Bruder waren erleichtert, dass sich wieder jemand um den Hof kümmerte.

Trotzdem war es nicht leicht für mich, alles unter einen Hut zu bekommen: Job, Kinder, Pferde, Hof und ständige Reparaturen und Sanierung. Der finanzielle und zeitliche Rahmen war oft eng. Es war ein Fass ohne Boden. Ich wurde zunehmend müder, hatte ständig ein schlechtes Gewissen, den Hof nicht bestimmungsgemäß zu führen, und das Gefühl vor lauter Arbeit und Verpflichtungen den Kindern nie gerecht werden zu können. Die Kinder kamen ins Pubertätsalter, und ich entschloss mich wieder Vollzeit zu arbeiten, um noch ein paar „Mark" hereinzubekommen. Trotzdem waren außer Zeltlager oder Reitferien für die Kinder für uns immer nur „Ferien auf dem eigenen Bauernhof" angesagt.

Eine sehr gute Internetfreundschaft brachte mich dann vor zwei Jahren durch Konfrontation und intensiven Gedankenaustausch dazu, den Hebel umzulegen und mir selbst in die Augen zu schauen. Ich musste mir eingestehen, dass ich häufig überfordert war und meine Kraft und mein Ehrgeiz, es allen zu zeigen, nachgelassen hat-

ten. Mir wurde bewusst, dass ich Sehnsucht hatte nach einem „stinknormalen" Leben: Familie, Haus, Garten, Hobby, Beruf, „mal" Urlaub,
vielleicht noch ein Ehrenamt, fertig! Ich merkte, dass ich sehr gut
ohne Tiere leben konnte. Dass ich nicht mehr als Erstes Reparaturen
machen wollte, bevor ich den nächsten Schritt machen konnte.

Ich möchte keinen Agrarantrag mehr auf den Weg bringen müs-
sen, keinen Knick mehr putzen oder eine Drainage spülen müssen.
Keinen Treckerreifen abmontieren müssen, weil er platt ist, keinen
Dünger mehr streuen und kein Tränkebecken reparieren müssen.
Und das alles nach Feierabend von meinem Laborjob oder am
Sonntagmorgen vor oder nach dem Frühstück.

Ich möchte einen „stinknormalen" Arbeitstag haben, mal in den
Urlaub fahren können, Gemüse im Garten ernten und ein Wochenende ein Wochenende sein lassen. Ich möchte mein Ehrenamt als
Kirchenvorsteherin intensiver ausüben, ab und zu auf unserem See
segeln, mehr Zeit für meine Freunde haben und mich nicht mehr vor
lauter Müdigkeit so oft gesellschaftlichen Anlässen entziehen.

Ich brauchte 18 Jahre, wenn nicht mein ganzes bisheriges Leben,
um zuzugeben, dass der Hof doch nicht mein Leben ist. So gerne
ich meinen Eltern diesen Gefallen tun wollte und ich meine innere
Stimme unterdrückte. Ich habe mich lange gegen eine Aufgabe des
Hofes gewehrt, ich habe irrsinnig viel gelernt, ich bin stolz auf
mich, diese Herausforderungen bewältigt zu haben, aber ich mag
nicht mehr.

Mein Entschluss steht fest, ich verkaufe den Hof, verpachte weiterhin das Ackerland und baue neben unserem Altenteil ein Haus
für mich und meine Kinder. So bin ich dann trotzdem in der Nähe
meiner Mutter und meines Bruders. Allerdings wird neben uns der
Hof stehen, der dann nicht mehr unserer ist. Die Situation ist zwar
noch nicht eingetreten und ich werde mit Sicherheit noch die eine
oder andere Träne vergießen aus Wehmut, besonders in der Erntezeit, aber viel präsenter ist das Gefühl des Versagens, den Erwartungen nicht gerecht geworden zu sein.

Innerlich habe ich mich schon länger verabschiedet von unserem Hof. Die Kombination aus Geld verdienen und Hof erhalten hat mich viel Kraft, Energie und Lebensfreude gekostet.

Im vergangenen Winter hatte ich viel Zeit nachzudenken, weil ein Unfall mir eine Zwangspause verordnet hatte. Am Tag vor Weihnachten kam ich wieder abgehetzt im Dunkeln von meiner Arbeit nach Hause und hatte den Zettel noch sehr voll. „Gehe langsam, wenn du in Eile bist", hätte ich mir zu Herzen nehmen sollen und rannte zum Pferdefüttern über den verschneiten Hof. Ich rutschte aus, verdrehte den Fuß und das Wadenbein war gebrochen, was erst nach Weihnachten zur Gewissheit wurde. Silvester verbrachte ich in der Klinik und die nächsten zwei Monate auf dem Sofa. Meine Kinder versorgten das Haus und den Stall und meine Mutter uns mit Essen. Ich hatte ein tiefes Bedürfnis, mich zu erholen, und genoss die Zwangsruhe. Es war wie von Gott gewollt, diese Pause machen zu müssen. Meine „Sofagedanken" kreisten immer wieder um die Anstrengungen der letzten Jahre und wie gut mir jetzt die Ruhe tat. Mein Leben lang lastete ein Erwartungsdruck auf mir, beziehungsweise habe ich mir diesen selbst auferlegt. Hätte mein Vater überlebt, hätte ich ihm wahrscheinlich seinen Traum erfüllt und wäre Milchbäuerin mit 80 Kühen und Boxenlaufstall geworden. Am Abend vor seinem Tod haben wir gemeinsam gemolken und währenddessen, wie schon so häufig, über einen Boxenlaufstall mit Side-by-side-Melkstand „philosophiert". Wie integrieren wir den Anbindestall, wohin kommt der Futtertisch, reichen 80 Kühe langfristig, müssen noch Gebäude weichen? Ich glaube, er freute sich über solche Gespräche mit mir. Aus heutiger Sicht weiß ich, es hätte mich umgebracht.

Bauernstolz hin oder her, ich verabschiede mich jetzt zum letzten Mal und sehne mich nach einem unkomplizierteren Leben. Ob das eintreten wird, sei dahingestellt!

Mittlerweile schließt sich der Kreis. Ich bin vom Institut für Humangenetik in Kiel gefragt worden, ob ich wieder in der Chromosomenanalyse bei ihnen arbeiten möchte. Es würde dringend eine Zytogenetik-erfahrene Laborantin gebraucht. Und so bin ich jetzt beruflich nach 24 Jahren irgendwie wieder „zu Hause"!

Anmerkung der Herausgeberin: Kristine hatte bei Drucklegung des Buches einen Käufer gefunden und konnte den Bau ihres Hauses beginnen.

Ursula, Sekretärin in Nordrhein-Westfalen

Allein auf weiter Flur

Mit einem alten Hund und einem Kater bin ich damals auf den Bauernhof meines Mannes in ein katholisches Dorf gezogen. Unter Zugabe von zwei Kindern, einem Pferd und einem Pony habe ich ihn zehn Jahre später wieder verlassen.

Kennengelernt hatten wir uns 2001 auf einem Dorffest. Ich verliebte mich und wir telefonierten in den folgenden Tagen viel miteinander. Schon nach kurzer Zeit hieß es: „Der Willi hat eine Freundin", und so war es dann auch. Wir trafen uns mit Freunden, unternahmen viel, er las mir sogar aus Büchern vor. Das war eine schöne Zeit. Im nächsten Herbst machten wir mit unseren Freunden eine Reise nach Schottland und kamen verlobt zurück.

Dann ging alles Schlag auf Schlag: Ich wurde schwanger, kündigte meine eigene Wohnung und bekam kalte Füße. Obwohl ich Angst davor hatte, zu ihm auf den Hof zu ziehen, gab es nun kein Zurück mehr. In meinem neues Zuhause gab es noch viel zu tun: Die ganze Wohnung musste renoviert werden, es gab keine Küche, kein vernünftig eingerichtetes Büro, der Balkon war ohne Geländer und Boden. Wir hatten also noch viel vor uns.

Mit dem Umzug begann mein Leben in einer neuen und fremden Welt. Geboren und aufgewachsen bin ich in der damaligen DDR, in einem Dorf bei Magdeburg. Meine Eltern haben sich nur vier Jahre nach der Geburt getrennt. An meinen Vater habe ich keine Erinnerungen. Ich wuchs mit meiner Mutter, meinem Bruder und meinem Opa auf und habe eine ganz normale DDR-Schullaufbahn absolviert. Anschließend habe ich eine Berufsausbildung zum Maschinenbauzeichner gemacht und danach noch drei Jahre Maschinenbau studiert. Der Abschluss des Studiums fiel mit der Grenzöffnung zusammen. Deshalb war ich 1991 hierher ins Weserbergland gekommen und habe bei meinem heutigen Arbeitgeber, einer Maschinenbaufirma, im Sekretariat gearbeitet.

Meine Mutter hat mir bis zu meiner Heirat zugeredet, ich solle mir das gut überlegen. Aber ich war schon immer offen für Neues und vielleicht auch etwas naiv. Irgendwann war es zu spät: Die Wohnung war gekündigt und ich war schwanger. Aus einer evangelischen DDR-Kleinfamilie kam ich in eine katholische Bauerngroßfamilie. Diese bestand aus den Schwiegereltern, sechs Geschwistern meines Mannes mit Familien und wiederum vielen Kindern und den Tanten. Dazu gehörten viele Traditionen, die ich nicht kannte: Prozessionen an katholischen Feiertagen, der katholische Mütterverein, in den ich immer eintreten sollte, oder die Leichenbeschauung, wenn einer gestorben war.

Zum Betrieb gehörten damals 23 ha eigenes Ackerland, dazu noch gepachtetes Land, ein Schweinemaststall mit 300 Plätzen und ca. 20 Mutterkühe mit Nachzucht, die in einem Anbindestall standen und dort auch ihre Kälbchen zur Welt bringen mussten. Schon damals ging mein Mann vormittags vier Stunden auf einem Schweinemastbetrieb arbeiten und ab Mittag kümmerte er sich um seinen eigenen Betrieb.

Ich arbeitete weiter im Büro und half auf dem Hof mit, so gut es ging und mein wachsender Bauch dies zuließ. Um meinem Mann unter die Arme greifen zu können, besuchte ich neben meinem Job einen Lehrgang zur Agrarbürofachfrau. Dazu gehörte, dass ich die Unterlagen des Betriebes zusammensuchen musste, um mir einen Überblick über die betriebswirtschaftlichen Zusammenhänge zu verschaffen. Langsam begann ich zu erahnen, wie es um den Betrieb stand. Mithilfe eines wirtschaftlichen Beraters waren die Zahlen recht schnell klar. Die Ausstände waren enorm und es konnte so nicht weitergehen. Es dauerte nicht mehr lange und die Bank sperrte das Betriebskonto, sodass wir keine Möglichkeit mehr hatten an Geld ranzukommen. Jetzt musste schnell gehandelt werden: Land und Maschinen sollten verkauft werden, nach Möglichkeit auch der

Schweinemaststall. Der Hof sollte vom Voll- in den Nebenerwerb übergehen und mein Mann sollte vor allem einen Job finden, mit dem er gesetzlich versichert sein würde, um von den hohen Beiträgen der landwirtschaftlichen Alterskasse runterzukommen. Und so wurden Pachten zurückgegeben, unnötige Versicherungen gekündigt, sinnvolle abgeschlossen und gespart, wo es nur ging.

Vor allem mussten wir das meinen angehenden Schwiegereltern erklären, die das alles nicht verstanden. Zum Glück war diese Misere vor meiner Zeit passiert und von mir nur ins Rollen gebracht worden, weil die landwirtschaftlichen Buchabschlüsse mehrerer Jahre fehlten!

Unsere Hochzeit, die für den Sommer geplant war, wurde abgesagt, die Musik abbestellt. Mein wunderschönes Hochzeitskleid hängt heute noch im Schrank. Es kam alles anders als geplant. Anfang September fand im engsten Familienkreis die standesamtliche Trauung statt. Eine große Feier gab es bei meiner Hochzeit nicht, die war nicht so wichtig, wir bekamen auch nur wenige Gratulationen. Wichtiger war das jährlich stattfindende Schützenfest, das wochenlang, zeitweise bis in die späten Abendstunden, vorbereitet wurde. Das ganze Dorf stand Kopf, meine Schwiegermutter natürlich auch. Wochen vorher wurde schon geputzt, geräumt, im Garten jeder Halm in die richtige Richtung gebracht, gebacken, gekocht usw. Ich kannte diese Tradition so nicht und hatte dafür auch kein Verständnis, zumal wir keine Möglichkeit hatten, an Geld zu kommen. Eine Tante lieh uns dann etliche Tausend Euro und so konnten wir die wichtigsten offenen Rechnungen noch vor dem Fest begleichen und hatten auch etwas in der Tasche.

Durch Schlachtprämien, Mutterkuhprämien und Zuschüsse für landwirtschaftliche Flächen konnten wir den Verkauf von Land schlussendlich zwar verhindern, aber es fehlte trotzdem an allen Ecken und Enden an Geld.

Mitten in diese Situation wurde unser Kind geboren. Als am Mittagstisch die Wehen, die schon in der Nacht eingesetzt hatten, unerträglich wurden und ich vor Schmerzen rausging, meinte meine Schwiegermutter, ich solle mich nicht so anstellen. Mein Mann war noch am Silieren und ich rief unter Tränen meine Freundin an, die mir riet, meinen Mann sofort vom Feld zu holen. Wir fuhren dann Hals über Kopf ins 36 km entfernte Krankenhaus und kurze Zeit später, ich schaffte es gerade noch in den Kreissaal, war meine Tochter da und ich konnte mich vor Erschöpfung gar nicht richtig freuen. Als mich mein Mann ein paar Tage später abholte, vergaß er sogar, die Kindersachen mitzubringen.

Zu Hause stand ich unter Dauerstress. Seit dem Umzug ging alles drunter und drüber. Zeit für unsere Beziehung gab es nicht mehr. Mein Mann bekam eine Anstellung in einer Baumschule. Wir waren alle sehr erleichtert, dass er einen festen Job gefunden hatte und damit gesetzlich versichert war. Und dann kam der Winter, mein erster Winter auf dem Hof. Das war eine schlimme Zeit für mich. Durch das Stillen war ich gebunden, mein Pferd stand immer noch auf einem anderen Hof und musste dort versorgt werden. Das tat ich zeitweise, aber am meisten lastete die Arbeit auf meiner Freundin. Ich konnte es nicht herholen, da die Boxen auf dem Hof immer noch durch die Pferde meines Schwagers belegt waren. Das alles machte mich total unzufrieden, ich war es auch nicht gewohnt, so gebunden zu sein.

Meine Schwiegermutter half mir, soweit sie konnte, sie wusch die Wäsche und kochte, das war schon total erleichternd für mich. Sie nahm mir auch die Kleine ab, als ich im Frühjahr für ein paar Stunden einen Nebenjob annahm, weil es finanziell eng war wie immer. Das Kind wurde zur Freude meiner Schwiegereltern und weil ich dachte, dass dies später in der Schule von Vorteil sein würde, katholisch getauft. Die Taufe wurde im engsten Familienkreis gefeiert – das waren 45 Personen.

Wir hatten nicht gerade ein erfülltes Sexleben, meistens waren wir zu kaputt und wollten einfach nur unsere Ruhe haben. Die Zuneigung zwischen uns war auch nur noch oberflächlich, Gemeinsamkeiten hatten wir keine und so ging der Alltag weiter. Nach der Geburt meiner ersten Tochter hatten wir einmal Sex und da wurde ich dann auch wieder schwanger, das war so geplant gewesen und klappte dann auch. Der Haussegen zwischen mir und meinem Mann hing immer schiefer, er war viel weg und ich musste sehen, wie ich klarkam. Nach der Geburt des zweiten Kindes bekam ich noch nicht einmal einen Strauß Blumen und unter Tränen fuhr ich damals wieder zurück auf den Hof. Zeit, miteinander spazieren zu gehen oder sie so miteinander zu verbringen, die hatten wir nicht, und so wurde die Kluft zwischen uns immer größer und somit auch das Schweigen.

In den folgenden Wochen drehte ich oft – mit dem Kinderwagen in der einen, dem Dreirad an der Schiebestange in der anderen Hand und den drei Hunden im Schlepptau – traurig meine Runden über den Berg.

Im Spätsommer 2008 verliebte ich mich im Urlaub in einen anderen Mann. Zu Hause wurde die Situation immer schlimmer. Es herrschte zwischen uns eisige Kälte, natürlich merkte mein Mann, dass sich etwas verändert hatte. Ich war einfach von dem anderen nur wahrgenommen worden und dieses kleine bisschen Aufmerksamkeit brachte glatt mein alltägliches Leben zum Erliegen. Im Frühjahr nahm ich mir für eine Woche eine Auszeit und flog in den Urlaub, auch in der Hoffnung, diesen Mann wiederzutreffen. Ich hatte einen Antrieb in mir, der alles um mich herum stehen ließ, ich wollte ihn wiedersehen und dieses Gefühl war stärker als die Bindung zu meinem Mann.

Ich verbrachte eine Woche ohne Kinder, ohne Mann, ohne Schwiegermutter und ohne Pflichten, die auf mir lasteten; es war einfach nur schön. Ich genoss es spazieren zu gehen, andere Leute kennenzulernen und den Tag so zu gestalten, wie ich es mir vorstellte. Den Mann traf ich auch wieder und wir hatten eine schöne Zeit zusammen.

Zurück in meiner wirklichen Welt geriet alles noch mehr aus den Fugen. Wir versuchten es mit einer Eheberatung. Den Rat, dass wir

uns jeden Tag eine Viertelstunde Zeit nur füreinander nehmen sollten, haben wir nicht ein einziges Mal befolgt. Die Beratung verlief
bald im Sande, es ging nicht mehr vor und zurück, wir steckten einfach fest. Zu Hause wurde es immer unerträglicher, wir hatten uns
nichts mehr zu sagen. Im Sommer bekam ich eine Mutter-Kind-Kur
genehmigt. Mit etwas Abstand wurde mir klar, dass es so nicht
mehr weitergehen konnte. Ich bekam von einer Psychologin einige
gute Ratschläge mit auf den Weg, aber letztendlich musste ich die
Entscheidung alleine treffen, die Entscheidung für eine räumliche
Trennung, die ich meinem Mann in einem Brief mitteilte.

Als wir aus der Kur wiederkamen, sprach er erstmal drei Wochen
kein einziges Wort mehr mit mir. Es kam die Einschulung meiner
Tochter und dieser wichtige Tag in ihrem Leben war für alle eine
große Belastung. Zumal ich ihr von der bevorstehenden Trennung erzählt hatte. Sie hat fürchterlich geweint. Das war kein
schöner Tag und mir tut es heute noch leid. Ich versuchte, mit
meinem Mann zu sprechen, aber ich bekam auf meine Fragen keine Antworten. Ich ging auf Wohnungssuche und hoffte immer
noch, mein Mann würde sagen: „Bleib doch, geh nicht weg, lass
uns irgendetwas noch einmal versuchen." Es kam kein einziges
Wort über seine Lippen. Er war zu stolz, um über seinen Schatten
zu springen.

Manchmal bin ich traurig, dass wir uns nicht besser um uns gekümmert haben und unser Paarleben zum Erliegen gekommen ist.
Vielleicht hatten wir von Anfang an keinen guten Start. Keiner hat
auf den anderen aufgepasst und sich um ihn gekümmert.

Als ich noch meine eigene Wohnung hatte, da waren wir unbeschwert, das Leben war so einfach, wir hatten Spaß und waren
glücklich. Da gab es noch nicht die Verpflichtungen für mich. Dann
kam der große Eisberg, von dem ich lange nur die Spitze sah. Mein
Mann hat schon immer wenig gesprochen, auch mit seinen Eltern,
es wurde überhaupt nicht viel gesprochen. Warum war das so?
Selbst wenn alle gemeinsam am Tisch saßen, wurde nicht geredet,

sondern Zeitung gelesen. Die Bürde des Hofes, die er auferlegt bekam, wollte er sie vielleicht gar nicht? Auch darüber wurde nie gesprochen, warum das alles so war, warum er den Hof bekam und
nicht sein älterer Bruder. Er machte schon immer, was seine Eltern
sagten oder was seine Geschwister wollten. Dann wurde damals ja
auch das große Haus gebaut, drei Etagen für mehrere Generationen,
er machte mit und tat das, was man von ihm verlangte.

Das ist schade für alle Beteiligten und ich sehe heute vieles anders, als ich es damals noch auf dem Hof gesehen habe. Es gab auch
schöne Zeiten mit ihm und in der Großfamilie. Vor dem, was meine
Schwiegermutter in ihrem Leben geleistet hat, habe ich große Achtung und Respekt. Sie hat auch mir viel geholfen, vor allem auch
mit den Kindern, und ich habe auch vieles gelernt. Dafür bin ich
dankbar. Diese schönen Seiten, die das Leben auf dem Hof hatte,
konnte ich erst erkennen, als ich sie verloren hatte. Aber warum ist
alles so gekommen? Warum war alles immer nur mit Pflichten belegt und warum gab es nie die Zeit, um einmal im Garten oder auf
dem Balkon zu sitzen? Ich habe mich gerne um die Tiere auf dem
Hof gekümmert. Unser kleiner Weihnachtsbaum, den ich für unser
erstes gemeinsames Weihnachten mit Wurzeln gekauft und später
im Garten eingegraben hatte, wurde vier Meter groß. Ich habe ihn
bei meinem Auszug absägen lassen und er bekam einen letzten
würdevollen Platz als Weihnachtsbaum in einer Kirche.

In den letzten Tagen war wieder das jährliche Schützenfest und
ich stand dort, anders als früher, alleine und verachtet von vielen.
Ich habe dort meinen Mann gesehen: unbefangen, stolz und glücklich, so wie ich ihn in den ganzen Jahren, in denen wir zusammen
waren, nicht erlebt habe. Er muss sehr unter unserer Ehe gelitten
haben. Für uns beide beginnt nun ein neuer Lebensabschnitt.

Bettina, Agraringenieurin in Baden-Württemberg

„kraut & rüben" hat die „top agrar" ersetzt

Das Auto riecht nicht mehr nach Kuh. Was haben wir nicht alles versucht, um das Auto von diesem Geruch zu befreien, solange wir unseren Hof hatten und noch eine ganze Weile danach. Besonders bei Besuchen in der alten Heimat bei Freunden oder Verwandten wurde das Auto geschrubbt, gesaugt und beduftet und trotzdem hat immer einer die Nase gerümpft: „Euer Auto riecht nach einer Kuh, die mit Shampoo gewaschen wurde." Jetzt tut es das nicht mehr. Es riecht kein bisschen mehr nach Kuh. Auch im Haus gibt es keinen Ort mehr, in dem diese Mischung aus Silage, Milch und Kuhfladen die Nase beleidigt. Schön. Das ist doch positiv! Aber warum stehe ich dann nach einem Betriebshilfe-Einsatz auf einem benachbarten Betrieb mit Silagefütterung in unserem Keller mit meinen übel riechenden Stallkleidern in der Hand und heule, als ob mir gerade eine Kuh gestorben wäre? Mittlerweile immerhin mehr als drei Jahre, nachdem wir den Betrieb aufgegeben haben. Es heißt ja, der Geruchssinn ist direkt mit dem Erinnerungsvermögen gekoppelt. Oh ja, das ist er wohl! Sofort tauchen Bilder auf, mittlerweile alle ein wenig rosarot eingefärbt, obwohl ich auch die mühsamen und entmutigenden Momente nicht vergessen habe.

Elfeinhalb Jahre haben wir einen Milchviehbetrieb mit 44 Fleckviehkühen und Nachzucht in Bayern geführt, gleich nach dem Landwirtschaftsstudium hatten wir uns auf die Suche begeben und in der Holledau endlich einen Betrieb zur Pacht gefunden, wo wir selbstständig und unabhängig wirtschaften konnten. Das war für uns die einzige Möglichkeit, weil wir beide im familiären Umfeld keine Landwirtschaft hatten. Diese Zeit war geprägt von viel Arbeit, die wir beide gerne und mit viel Hingabe erledigt haben, von finanziellen Sorgen, Hoffnungen, Enttäuschungen und unendlich vielen Momenten des Glücks mit den Kühen und ihren Kälbern, in der Natur und vor allem mit unseren Kindern, von denen vier dort geboren wurden und bis 2007 auch auf dem Hof aufwachsen durften.

So vieles ist jetzt anders. Der Traum vom Familienunternehmen ist geplatzt. Kein gemeinsames Arbeiten, der Papa ist nicht jeden Tag zu den Mahlzeiten bei den Kindern und mein Mann nicht bei mir. Die Kinder können nicht mal kurz mit dem Papa im Unimog mitfahren, sodass ich etwas in Ruhe arbeiten kann. Sie müssen anrufen, wenn sie etwas von ihm brauchen, und das ist immer etwas schwierig, schließlich haben wir ja fünf Kinder, die aber mittlerweile verstanden haben, dass sie den Papa nur am Sonntag und nach Feierabend für sich haben. Vermutlich machen sie sich darüber auch weniger Gedanken als ich.

Die Mama dagegen ist immer da. Unsere Jüngste ist erst siebzehn Monate alt, ist als Einzige nicht mehr auf dem Bauernhof geboren, sondern hier am Rande von Pforzheim und geht an drei Tagen in der Woche mit den beiden Mittleren in den Kindergarten in ein benachbartes Dorf. In dieser Zeit kann ich etwas arbeiten, meistens im Haushalt, manchmal auch als Betriebshelferin.

Die Zeit ist gut ausgefüllt mit Pflichtübungen wie Haushalt, Kochen und allgemeiner Kinderbetreuung und einigen – ich nenne sie Kürübungen – Tätigkeiten, die mich schon etwas mehr fordern, so wie der Garten, Schreiben an meinem Homöopathie-Leitfaden für Rinder, kreatives Arbeiten und Programm für die Kinder. Trotzdem leiste ich keinen nennenswerten Beitrag zum Familieneinkommen. Zumindest nicht auf den ersten Blick. Ich bin unversehens in die traditionelle Rolle gerutscht: Hausfrau und Mutter. Nicht Mitunternehmerin, nicht Betriebsleiterin, nicht Partnerin. Nur noch die Frau, die ihrem Mann im Hintergrund den Rücken freihält. Im Vergleich zu der Zeit auf dem Bauernhof komme ich mir regelrecht alleinerziehend vor. Das erklärt auch schon die Frage: Wie habe ich das früher alles geschafft? Denn mein Tag ist jetzt genauso ausgefüllt wie früher. Ich habe fast genauso wenig Zeit für mich.

Mir fehlen die Geburten der Kälber, bei denen ich all meine Erfahrung, meinen Verstand und meine Intuition einbringen kann und muss, damit alles gut geht. Mir fehlt der Geruch der Kühe auf der Weide, der des neugeborenen Kalbes und sogar der, in dem ich gebadet war, wenn ich mal wieder eine Nachgeburt abnehmen musste, denn ich war schon stolz darauf, dass ich es konnte. Mir fehlt es, meine Kinder auf dem Hof aufwachsen zu sehen, und alles, was ich versuche, um das wettzumachen, sind nur kläglich Versuche.

Wir leben jetzt am Rande der Stadt, aber eigentlich ist Pforzheim eher ein großes Dorf. Pforzheim ist nicht gerade für eine hübsche Innenstadt berühmt. Die Stadt gilt sogar als ausgesprochen hässlich. Aber hier, wo wir wohnen, ist alles grün und bis auf die wenigen Raser und die Krankenwagen, auch ruhig. Wir orientieren uns eher in Richtung auf die umliegenden Dörfer, wo die Kinder in die Schule und auch in den Kindergarten gehen. Bei uns ist es wunderschön, unser Garten beherbergt viele alte Bäume. In den Gärten um uns herum und sogar in unserem eigenen blühen im Frühling die schönsten Schneeglöckchen, gelbe Winterlinge, blaue Hyazinthen und gelbe und weiße Osterglocken und Narzissen. Von all dieser Pracht habe ich auf unserem Hof immer nur geträumt, weil ich für den Garten viel zu wenig Zeit hatte oder er den Hühnern zum Opfer gefallen war. Außerdem gab es dort gar keine alten Bäume. Die Kastanie, der Walnussbaum und die Obstbäume, die wir gepflanzt haben, waren alle noch sehr klein, als wir den Hof verließen.

Wenn dann erst noch die Apfelbäume blühen, die Kirschbäume und die Zwetschgenbäume, dann bin ich richtig glücklich, hier in meinem kleinen Paradies. Und dennoch, ein Bauernhof ist das nicht und es wird auch keiner, wenn wir in dem kleinen Stall mitten im Garten zwei Schweine oder zwei Schafe halten. Das haben wir nämlich schon ausprobiert. Und wieder sein lassen. Wegen der Nachbarn und weil das ja auch keine richtige Tierhaltung ist.

Früher hatten wir immer genügend Milch und meistens auch leckeren Käse und in der Gefriertruhe fand sich immer Fleisch, das besser war als alles, was man so kaufen kann. Jetzt müssen wir die Milch kaufen. Ich weigere mich aber nach Kräften, dies im Supermarkt zu tun, und fahre lieber zweimal die Woche zum Milchviehbetrieb in der Nähe der Oma und hole dort Milch und, wenn sie schlachten, auch Fleisch. Davon gibt es jetzt aber seltener. Es ist ja nicht mehr das, was bei der Direktvermarktung eben übrig bleibt, sondern es hat seinen Preis.

Aus der Milch kann ich inzwischen außer Joghurt auch richtig guten Quark und Mozzarella machen, was mir auf dem Hof nie so richtig gelungen ist. Ein prima Beispiel, wie mit Abstand und ein wenig Zeit mit jemandem, der sich damit auskennt, etwas richtig gut gelingen kann. Ich habe mich seither schon oft gefragt, ob ich mit einer Käserei den Hof hätte retten können. Wir hatten ja auch schon unsere Pläne dafür. Auch den Amtsveterinär hatten wir auf dem Hof und haben dann, als wir seine Vorschläge durchgerechnet haben, das Vorhaben schnell wieder in die Schublade verfrachtet.

Das Melken ist weggefallen. Es hinterlässt vor allem morgens ein Loch, das ich meist mit Hausarbeit und Fahrten zum Kindergarten ausfülle. Erstaunlich ist, dass nicht nur wir Erwachsenen, sondern auch die Kinder morgens immer noch keinen Hunger haben, da wir es gewohnt waren, erst nach dem Stall zu frühstücken.

Vieles ist anders und manches ist auch besser. Die Landschaft hier ist viel schöner. So sehr ich unseren Hof geliebt habe – er war eben nur eine kleine Oase in der Hallertau, rundherum war es, vor allem im Winter, eher langweilig und trist. Wäre nicht der Wald gewesen, so hätte ich es wohl kaum ausgehalten. Gleich in der Nähe gab es einige Hopfengärten, die die meiste Zeit im Jahr mit meterhohen Masten und unzähligen Drähten die Sicht vernebelten. Das vielleicht attraktivste in der Nähe war der wunderschöne Badesee, den ich vor allem mit den Kindern gerne viel öfter besucht hätte. Leider konnten wir es aber nur sehr selten ermöglichen.

Hier in unserer neuen und für meinen Mann alten Heimat ist die Landschaft recht abwechslungsreich. Es gibt kleine Hügel, Bachtäler, Streuobstwiesen, hübsche kleine Felder, und der Wald ist auch nicht viel weiter weg als auf „unserem" Lindenhof, für mich ist es hier so ein bisschen wie das Auenland von Frodo und Samweis aus Tolkiens *Herr der Ringe*. Hier fühle ich mich zu Hause, obwohl ich woanders aufgewachsen bin. In den elf Jahren in Bayern konnte ich mich nicht wirklich einleben. Hier ist mir das schon nach wenigen Monaten gelungen, nachdem der schlimmste Kummer überstanden war. Wir sind inmitten der Natur und vieler liebenswerter Nachbarn und können dennoch mit dem Fahrrad innerhalb von wenigen Minuten die Stadt erreichen, um einzukaufen, ins Kino zu gehen oder etwas im Rathaus zu erledigen. Überhaupt kann ich endlich wieder mehr mit dem Fahrrad fahren, weil alles in erreichbarer Nähe ist, sogar der Baumarkt, oft bin ich mit dem Rad sogar schneller als mit dem Auto.

Unsere Kinder sind trotz der Nähe zur Stadt immer noch Landkinder geblieben, und darauf bin ich sehr stolz. Sie haben die ganze Umstellung gut weggesteckt und sich nie wirklich beklagt, auch wenn sie sich im Moment die Kinderzimmer teilen müssen und in einem winzigen Bad überhaupt nichts mehr liegen lassen dürfen. Besonders im Winter spüren wir die Enge, wenn der Garten nicht als erweiterter Wohnraum genutzt werden kann.

Wir hatten vorher so viel Platz im Haus, eine sehr große Küche, eine Speisekammer, ein riesiges Wohnzimmer, jedes Kind hatte ein großes Zimmer für sich alleine und im Flur war auch noch genug Platz zum Spielen und Toben. Wir hatten fast dreimal so viel Platz wie jetzt, die Kinder waren noch kleiner und wir waren nur zu sechst, und das auch erst im letzten halben Jahr.

Es war immer was los, meistens wohnten noch Praktikanten oder Lehrlinge im Haus und jeder konnte uns jederzeit besuchen und bei uns übernachten, das war alles kein Problem. Es war ja auch für die meisten interessant und lustig auf dem Lindenhof und viele sind regelmäßig zu uns gekommen oder haben sogar bei uns Urlaub gemacht. Ein Freund hat einmal gesagt, wir waren fast so etwas wie eine Institution. Da war eigentlich zu befürchten, dass die Kinder doch irgendwie verwöhnt sein könnten und sich mit der neuen Situation gar nicht arrangieren könnten. Ich bin sehr dankbar, dass sie sich über das freuen können, was sie haben, und es uns gelungen ist, ihnen mit wenigen Mitteln ein Zuhause zu schaffen, in dem sie sich wohlfühlen.

Meine Mutter ist jetzt gute drei Stunden Autofahrt von uns entfernt im Gegensatz zu einer halben Stunde wie früher. Sie kann nicht mehr kurzfristig als Babysitterin einspringen, was früher öfters möglich war. Dafür sind jetzt meine Schwiegereltern in einer knappen Stunde mit dem Fahrrad zu erreichen. Auch mein Vater wohnt nicht weit von uns.

Darüber freuen sich die Kinder natürlich. Dennoch wollen sie auch die andere Oma in der Nähe haben. Jedes Mal, wenn ich sage, „Wir fahren zur Oma", selbst wenn wir schon auf den Rädern sitzen oder ohne jedes Gepäck im Auto, fragt Justus, der Zweitjüngste: „Zu Oma Resi oder zu Oma Annerose?" Und unser Großer will Profi-Fußballer werden, damit er unseren Lindenhof kaufen kann. Für die Kinder ist alles noch möglich, was für uns schon längst begraben ist.

Wenn ich jetzt auf anderen Betrieben bin, als Betriebshelferin oder weil ich einen Bericht schreibe, dann suche ich nicht mehr nach Dingen, die ich auf unserem Betrieb verbessern könnte, sondern ich sehe nur überall Patienten. Ich kenne kaum einen Betrieb, der nicht am Rande seiner Kräfte wäre, vor allem bei denen mit Viehhaltung. Mal ist es finanziell sehr eng, mal sind die Betriebsleiter oder ihre Kinder vor Arbeitsbelastung schon wirklich krank oder auf dem besten Wege dahin, mal ist die Paarbeziehung am Ende und manchmal kommt auch alles zusammen. Fast alle leiden darunter, dass sie von allen Seiten mit Erwartungen, Vorschriften, Forderungen und oftmals Vorwürfen und Verleumdungen bedrängt werden. Ich sehe viele kleine Schrauben, an denen man drehen könnte, aber das Hauptproblem, vor allem bei den Milcherzeugern, ist einfach, dass Kosten und Erlöse zu weit auseinanderlaufen und man daran nur wenig ändern kann.

Da wir auf unserem Betrieb mit mehreren Ansätzen versucht haben, dieses Problem durch ein zweites Standbein zu lösen, weiß ich, wie schwer auch das ist, vor allem wenn die finanziellen Mittel für eine Neuinvestition begrenzt sind und die Arbeitsbelastung ohnehin schon eines der Hauptprobleme ist.

Es gab Zeiten, da habe ich darüber nachgedacht, ob ein Leben außerhalb der Landwirtschaft nicht viel bequemer wäre. Das ist zwar selten passiert, aber wenn eine Reparatur misslungen, ein Kalb gestorben und der Blick auf das Konto ernüchternd oder schlimmer war, konnten solche Gedanken schon in den Sinn kommen. Aber heute weiß ich, es ist nur anders anstrengend, nicht mehr so nervenaufreibend, sicher, auch kein totes Tier, das mir den ganzen Tag lahmlegt und mich komplett runterzieht, dafür aber auch keine Highlights wie die Geburten oder Zuchttiere, die groß rauskommen.

Ich muss jetzt, um dasselbe zu erreichen, viele verschiedene Dinge anpacken und oft außer Haus gehen. Der Stundenlohn ist am Ende dann auch nicht viel besser als in der Landwirtschaft und dort konnte ich durch die eigenen Besamungen, durch Homöopathie, Büroarbeit doch eine ordentliche Summe einsparen, auch wenn die nirgendwo sichtbar wurde. Auch in der Direktvermarktung war am Ende zumindest eine volle Gefriertruhe und eine gefüllte Speisekammer ein sichtbares Ergebnis meiner Arbeit. Ich habe meinen Traumjob ausgeübt, mich damit voll und ganz identifiziert, war selbstständig und (eigentlich) frei.

Einer fehlt ganz besonders, der zum Lindenhof dazu gehörte: Timmy, unser Hund. Er war der friedvollste und gutmütigste Hofhund, den man sich nur vorstellen kann. Ein Bernhardiner, der unser treuer Beschützer war in allen schrecklichen Situationen. Er hat uns noch begleitet, bis wir hier sicher und glücklich in unserem neuen Zuhause angekommen waren. Dann hat sein großes Herz aufgehört zu schlagen. Wir haben es bis heute nicht übers Herz gebracht, einen neuen Hund zu uns zu holen. Wir vermissen ihn noch immer.

Gar nicht vermisse ich den Ärger mit Handelspartnern, die unentwegt versuchen – vorzugsweise in Zeiten der Arbeitsspitzen –, mir falsche Abrechnungen unterzuschieben, den Papierkrieg mit der Sozialversicherung, der in den elf Jahren mehr als zwei volle Ordner gefüllt hat, das zähe Ringen mit den Ämtern um etliche Dinge, von denen jedes einzelne unseren Todesstoß hätte bedeuten können. Mir fehlen nicht die Verhandlungen mit der Bank oder mit den Verpächtern oder die manchmal irrwitzigen Sitzungen von Bauernverband, Maschinenring, Zuchtverband und Wasserverband.

An ihre Stelle sind jetzt Elternabende in Kindergarten und Schule getreten und das Gefühl, dass es sehr sinnvoll ist, dorthin zu gehen, und in der Bank habe ich genau eine Kundenberaterin, die immer für mich da ist und bei der ich gerne einen Tee trinke und mir meine Anerkennung abhole, wenn ich es ganz besonders nötig habe.

Einiges ist gleich geblieben.

So habe ich glücklicherweise noch immer einen Garten. Früher war er nur Begleiterscheinung und musste immer hinter dem Stall zurückstehen. Jetzt habe ich ihn zur Chefsache erklärt. Mit viel Liebe und Zeit versuche ich, es meiner Vorgängerin gleich zu tun, die ihn wirklich gehegt und gepflegt hat. Dabei bin ich meinem Grundsatz treu geblieben und versuche, mit möglichst wenigen Eingriffen und ohne chemische Hilfsmittel einen paradiesischen Garten für die Kinder und für alle möglichen Wildtiere zu erhalten, und hoffe, dass sich unsere verbliebene Katze an die Mäuse hält. Dennoch geht es nicht ohne Arbeiten, die ich bisher noch nicht so kannte: Ich

habe den Kampf mit den Schnecken aufgenommen, voller Stolz die
ersten selbst angebauten Früchte geerntet. Beeren, Äpfel und Kir-
schen waren ja schon in Hülle und Fülle vorhanden. „kraut & rü-
ben" hat inzwischen „top agrar" ersetzt.

Das Finanzamt war für mich schon immer eines meiner Lieb-
lingsämter, weil ich dort freundliche und hilfsbereite Menschen
traf. Das ist hier genauso. Bei meinem letzten Besuch musste ich in
die Lohnsteuerkarte meines Mannes unsere Tochter Jasmina als
fünftes Kind eintragen lassen. Die Beamtin überlegte kurz, dann
rief sie durch das Großraumbüro: „Wenn ich jetzt ein Kind mache
..." – weiter kam sie nicht, alles brüllte vor Lachen. Und doch, nach
zehn Minuten war ich draußen und alles war erledigt. Das ist doch
schön.

Gar nicht selbstverständlich ist, dass auch unsere Ehe die wahn-
sinnige Belastung überstanden hat. Wir reiben uns zwar noch immer an denselben Differenzen, wenn es uns gelingt, auch mit dem-
selben Humor, vielleicht mit ein wenig mehr Gelassenheit als früher.
Und wir erfreuen uns an unseren Kindern, unseren gemeinsamen
Interessen und Leidenschaften.

Wir sehen uns immer noch sonntagabends zusammen die *Fallers*
an. Das konnten wir dank Schüssel auf dem Dach auch in Bayern
schon tun. Inzwischen ist das schon fast ein Pflichttermin für die
ganze Familie.

Das war wohl auch das Letzte, was wir uns gemeinsam auf dem
Hof angesehen haben, bevor wir den Hof und die Träume, die mit
ihm verbunden waren, hinter uns ließen, mehrere Tage, nachdem
die letzte Kuh den Hof verlassen und die Katzen bei Freunden und
Verwandten ein neues Heim gefunden hatten.

Das letzte Mal. Da gab es viele letzte Male im August 2007. Ein
letzter Gang durch unser geliebtes Zuhause der letzten elf Jahre,
ein letzter Blick in die Räume, in denen drei unserer Kinder geboren wurden, in die große, helle Küche, die immer Mittelpunkt im
Tagesablauf und im Familienleben war, den hellen Flur, die Kinder-

zimmer, die Fremdenzimmer, das Dachgeschoss, das wir so gerne einmal ausgebaut hätten, die Treppe herunter, an der alle Kinder das Treppensteigen gelernt haben, die Toilette, wo die ersten Standing Ovations für die erste korrekt platzierte Pfütze stattgefunden hatten.

Mein letzter Blick auf Stall und Scheune war verbunden mit guten Wünschen für die Menschen, die hier nach uns irgendwann einmal arbeiten werden, und mit der Hoffnung, dass sich meine Arbeit in Zukunft besser auszahlt. Dass das, was ich mir verdient habe, auch nachher bei mir landen möge. Diese Hoffnung sollte sich leider nicht so schnell erfüllen.

Obwohl wir zu diesem Zeitpunkt noch glaubten, dass wir unser Unternehmen Landwirtschaft nicht beenden und an einem anderen Ort weitermachen könnten, lag eine solche Schwere und Traurigkeit, ganz besonders bei den Kindern, auf diesem Umzug, dass man schon hätte ahnen können, dass alles ganz anders kommt.

Es folgte erst einmal eine wirklich schlimme Zeit, von der ich heute nicht mehr weiß, wie wir sie alle überstanden haben. Sie war geprägt von Selbstzweifeln, die – auch mit dem Wissen, dass wir unser Bestes gegeben hatten, manchmal auch noch viel mehr – immer präsent waren.

Mein Verhandlungsgeschick war sicher noch ausbaufähig. Waren wirklich alle Investitionen wirtschaftlich sinnvoll? Im Nachhinein lässt sich das leichter beantworten als vorher. Es finden sich auch sehr schnell hilfreiche Menschen, die es schon immer wussten und vielleicht sogar schon früher gesagt hatten. Haben wir die falschen Ideen verfolgt? Hätten wir auf die Gefahr hin, dass wir nie einen Betrieb bekommen würden, gleich auf einem niedrigeren Pachtpreis bestehen müssen? Hätten wir gleich zu Beginn die bis dahin guten Beziehungen wegen des desolaten Zustands der Kühe aufs Spiel setzen müssen und Kaufpreisminderung verlangen müssen? Hätten wir notwendige Investitionen in Betriebsgebäude nicht aus eigener Tasche bezahlen dürfen?

Unsere Devise bei allen Schwierigkeiten lautete immer wie bei Boxer, dem alten Arbeitspferd aus Orwells *Animal Farm*: „I will work harder." Ich werde eben noch härter, noch effektiver, noch schlauer arbeiten. Hätte ich mich nur daran erinnert, dass ihm diese Einstellung nicht wirklich geholfen hat! Natürlich habe ich Fehler gemacht, ganz schlimme Fehler sogar. Ich habe unüberlegte Antworten gegeben, obwohl ich sprachlos war, ich habe keine Bedingungen gestellt, wenn ich es hätte tun müssen. Ich habe irgendwann aufgehört zu kämpfen. Obwohl, inzwischen glaube ich, das war dann vielleicht doch kein Fehler. Denn vor Gericht erfährt man nicht zwangsläufig Gerechtigkeit. Das wird einem schnell klar, wenn einem der Richter den inoffiziellen Hinweis gibt, dass er grundsätzlich eher geneigt ist, dem Eigentümer zu glauben als dem Pächter. Unter den Heerscharen von Rechtsanwälten einen zu finden, der sich wirklich für uns einsetzt und uns ein wenig Sicherheit gibt, einen, der sich vor mich stellt und für mein Recht kämpft, das ist mir nicht gelungen und so bin ich froh, dass ich nicht noch mehr Energie darauf verwendet habe. Am Ende, davon bin ich überzeugt, kommt alles da hin, wo es hingehört.

Als wir auch auf dem zweiten Betrieb kein Glück hatten und alles wirklich schlimm wurde, habe ich mich an unsere Katze auf dem Lindenhof erinnert, sie war schon Mutter von vielen guten Mäusejägern und ihr konnte so schnell keine etwas vormachen.

Schnurrle hatte vier Junge. Eine andere Katze hatte auch welche bekommen, war aber verschwunden, vielleicht überfahren oder vergiftet, das kam leider öfters vor. Jetzt hatten wir also drei Waisenkinder. Nachdem wir Schnurrle für unsere beste Mama hielten, haben wir sie zu ihr gebracht. Schnurrle nahm sie sofort an, sie wurden abgeschleckt, warm gehalten und gesäugt. Aber am nächsten Tag zog sie los, rannte übers Feld und erlegte einen jungen Hasen. Den schleppte sie dann bis zur Treppe, elf Stufen hinauf, über das schmale Brett, das zur Veranda führte, über das Geländer bis zu ihren Kindern. Einen Tag darauf war der ganze Hase verschwunden

– mit Haut und Haaren verspeist. Dieser Hasenbraten war wohl genau das, was sie gebraucht hat, um die große Aufgabe meistern zu können, und sie hat nicht lange um Erlaubnis gebeten, sie wollten kein Extra-Futter, nein, es musste dieser Hase sein und so hat sie sich einfach genommen, was sie gebraucht hat. Als ob sie sagen wollte: „O.K. Das mach ich. Aber dann muss was Anständiges auf den Tisch."

Auch ich brauchte meine Extraportion. Zunächst einmal hat sich mein Verbrauch an Schokolade drastisch erhöht, Gott sei Dank ohne dabei Spuren zu hinterlassen. Mit guter Musik, gerne auch mal richtig laut und richtig rockig und mit gestohlenen Auszeiten, und wenn es nur ein Einkauf war, den ich alleine machte, habe ich mich über Wasser gehalten.

Diese Zeit war geprägt vom Unterwegs-Sein, von unserem Stützpunkt zur Oma, hin zu allen Häusern, die zu besichtigen waren, und wieder zurück, von wahnsinnig viel Arbeit, Durchhalteparolen und Aufopferung bis kurz vorm Nervenzusammenbruch, von Enttäuschung und Fassungslosigkeit.

Aber es gab auch Hilfe von außen. Viele Freunde haben mir auf meinen Hilferuf hin den Rücken gestärkt und die Kinder haben immer wieder dafür gesorgt, dass ich etwas zum Lachen hatte, vor allem Justus, den all das mit seinen knapp zwei Jahren natürlich noch weniger belastete als alle anderen. Mein Mann und ich haben uns, so gut es ging, gegenseitig bestärkt und Mut zugesprochen. Ein selbstloser älterer Herr hat mir bei den letzten Verhandlungen mit der Bank beigestanden. Dafür bin ich ihm sehr dankbar.

Am Anfang fand ich es irgendwie seltsam, denn ich konnte ihn ja weder für seinen Einsatz bezahlen, noch annähernd etwas Gleichwertiges zurückgeben. Ich kann aber dafür heute anderen Menschen helfen, die sich mir auch nicht gleich wieder erkenntlich zeigen können. Das zeigt doch, dass der Kreislauf funktioniert. So vertraue ich darauf, dass auch unser verdientes Geld eines Tages den Weg zu uns zurück findet und vielleicht auch unser Lebensplan.

Bis dahin begleitet mich jedoch ein übergroßes Misstrauen gegenüber eventuellen Verpächtern und der Berufsvertretung, die sich im Zweifelsfall dann doch eher als eine Standesvertretung oder bestenfalls eine Eigentümergemeinschaft herausgestellt hat. Und immer mehr macht sich der große Wunsch nach etwas breit, das uns gehört und uns keiner mehr wegnehmen kann.

Eines kann mir aber keiner nehmen: elfeinhalb Jahre gelebter Traum und dadurch die Gewissheit, dass ich etwas kann, was nur wenige können, und dass ich mich und meine Leistung nicht zu verstecken brauche.

Ich habe viel mitgenommen aus diesen elf Jahren, nicht nur durch das Unternehmen Bauernhof, sondern auch durch die Geburten meiner bis dahin vier Kinder. Ich hatte großes Glück, in Ingolstadt eine Hebamme zu finden, die Hausgeburten machte und sich darin auch noch sehr sicher war. Ich habe viel gelernt, was ich während des Studiums und der Praxissemester nicht gelernt hatte. Für die Zuchtarbeit, die Besamung, für Homöopathie, Bach-Blüten-Therapie und medizinische Kunstgriffe bei und nach der Geburt habe ich mich leidenschaftlich interessiert und ehrgeizig an der Verbesserung gearbeitet. Das kann ich jetzt, nur leider kann ich es nicht so häufig anwenden, wie ich gerne möchte. Als früherer Vegetarier hat es mich etwas Überwindung gekostet, in die Fleisch-Direktvermarktung einzusteigen, aber auch das ist mir gelungen und nun kenne ich so ziemlich alle Teilstücke, dank der unterschiedlichsten Kunden auf Badisch, Schwäbisch, Österreichisch und Bayerisch. Da gibt es nämlich manchmal für ein und dasselbe Stück eben vier verschiedene Begriffe oder sogar noch mehr.

Außerdem habe ich hexen gelernt. Auch wenn ich immer wieder zu den Kindern sage, dass ich es nicht kann. Unter bestimmten Umständen kann ich es doch. Dazu brauche ich ein großes Stück Schokolade, einen Moment der Ruhe und die richtige Musik und dann halte ich mich an eine weise Erkenntnis meines damals fünfjährigen Sohnes Jonathan: „Wenn es schnell gehen muss, dann muss man langsam machen." Und dann kann ich tatsächlich fünf Dinge gleichzeitig fertigbringen oder eben den Zeitraffer laufen lassen.

Viele Gedanken kreisen darum, wie wir unseren Traum vom Bauernhof doch wieder wahr werden lassen könnten, vor allem wenn die beiden Mädchen Jenny und Julia wieder in rosaroten Bildern vom früheren Leben auf dem Bauernhof schwärmen. Es ist ja auch irgendwie ungerecht, dass ein Teil unserer Kinder das Privileg hatte, Bauernkinder zu sein, und ein Teil eben nicht. Selbstständigkeit auf dem eigenen Betrieb ist noch immer mein Ideal, und wenn andere davon erzählen, wie sich das Familienleben auf dem Hof abspielt, könnte ich heulen. Wenn keiner hinschaut, tu ich es manchmal auch.

Was würde ich anders machen, wenn ich noch einmal die Chance bekäme?

Na, auf jeden Fall würde ich mir nicht mehr die Butter vom Brot klauen lassen. Ich nehme mir die Katze Schnurrle zum Vorbild und werde nur dann „na klar" sagen, wenn davor eine klare Bedingung steht, die meine Bedürfnisse berücksichtigt.

Und ich werde meine Vorbilder in *Unsere kleine Farm* und *Bonanza* gründlich überdenken. Vor allem, wenn ich wieder mal Charles Ingalls, Caroline Ingalls und Ben Cartwright gleichzeitig sein will.

Ich weiß nicht, ob ich mich noch einmal dazu entschließen könnte, jeden Tag zweimal zu melken. Dazu bin ich jetzt doch viel freier in meiner Zeiteinteilung und vor allem, wenn es mir einmal nicht gut geht, muss ich mich nicht in den Stall quälen, das ist doch ein erheblicher Vorteil. Und es ist viel schwerer, mit dem Melken anzufangen, wenn man genau weiß, worauf man sich einlässt. Als Urlaubsvertretung habe ich es schon mal wieder gemacht, das ist auch in Ordnung

Auf alle Fälle will ich hier bleiben, in meiner neuen Heimat nördlich von Pforzheim. Ich bin froh, dass ich heute keinen Groll mehr hege gegen die Leute, die uns übel mitgespielt haben, und ich vertraue darauf, dass alles seinen Sinn hat.

Kirsten, pädagogische Mitarbeiterin in Niedersachsen

„So hatte ich mir das nicht gedacht!"

In Bremen etablierten sich damals gerade die Grünen als Partei. Begeistert unterstützten wir deren Ideen zum Umwelt- und Naturschutz. Es gab erste große Demonstrationen gegen Atomkraftwerke. Ende der 70er Jahre, in der Zeit vor meinem Abitur, rückte der Umweltschutz in den Mittelpunkt des Interesses. Im Geografie-Leistungskurs behandelten wir ein Schulhalbjahr das Thema „Landwirtschaft in Deutschland". Das interessierte mich und wurde richtungsweisend für mein Leben.

Die Schulzeit vorher habe ich als sehr anstrengend in Erinnerung. Meine Eltern, insbesondere mein Vater, hielten eine gute Schulbildung für sehr wichtig. Für sie war es selbstverständlich, dass wir sofort nach der Schule die Hausaufgaben erledigten und uns gründlich auf jede Klassenarbeit vorbereiteten. Jeden Mittag rief mein Vater vom Büro aus zu Hause an – er arbeitete als Exportkaufmann in einer Bremer Wollfirma – und erkundigte sich nach den Ergebnissen von Klassenarbeiten. Entsprachen diese nicht seinen Erwartungen – eine Drei in Mathematik war gerade noch akzeptabel, aber in sogenannten „Lernfächern" wie Geografie oder Geschichte musste es schon eine Zwei sein –, konnte ich mit Fernsehverbot und Hausarrest rechnen.

Geboren wurde ich als „waschechte" Bremerin – so bezeichnet man hier Kinder, deren Eltern auch schon gebürtige Bremer sind. 18 Jahre habe ich mitten in der Stadt gelebt, gegenüber vom Weserstadion, wo der Bundesligist Werder Bremen seine Fußballspiele austrägt. Da meine Eltern in ihrer Jugend sehr sportlich waren, meldeten sie meinen Bruder und mich schon sehr früh bei „Werder" an. Wir haben dort im Verein Fußball und Handball gespielt und fast jedes Bundesligaspiel gesehen.

Nach dem Abitur 1980 hätten meine Eltern es gerne gesehen, wenn ich eine Ausbildung zur Bankkauffrau oder ein betriebswirtschaftliches Studium gemacht hätte. Da hatte ich nun aber überhaupt keine Lust dazu. Ich wollte gerne etwas ganz anderes machen, etwas Praktisches und nicht weitere drei Jahre oder noch länger weiterbüffeln. So habe ich zur Überraschung aller Freunde und Verwandten beschlossen, eine Ausbildung zur Landwirtin zu beginnen.

Mit einem mulmigen Gefühl im Magen fuhr ich dann vier Wochen nach meinem Abitur auf den Hof, auf dem ich meine Ausbildung machen wollte. Genaue Vorstellungen, was mich dort erwarten würde, hatte ich nicht, auch hatte ich noch nie körperliche Arbeit geleistet. Aber die Bauernfamilie hat mich freundlich aufgenommen und die Arbeit mit den Kühen, Bullen, Kälbern, den Sauen und ihren Ferkeln machte mir viel Spaß. Am Ende meiner Ausbildungszeit haben mein „Junior-Chef", der nur wenige Jahre älter war, und ich uns ineinander verliebt. Damit hatten wir nun aber ein großes Problem. Ich wollte nach Beendigung der Ausbildung Agrarwissenschaften studieren, während die Mutter meines Freundes darauf drängte, dass ich noch eine hauswirtschaftliche Ausbildung absolvieren sollte. Zum Glück konnte ich mich damals durchsetzen. Ich habe dann fünf Jahre lang in Göttingen Landwirtschaft studiert. Rückblickend kann ich sagen, dass diese Jahre zu den unbeschwertesten meines Lebens gehören. In der Göttinger Zeit habe ich viele neue Menschen kennengelernt, wir haben viel unternommen und ich konnte ohne Druck seitens meiner Eltern studieren und mein Leben genießen.

Die Semesterferien verbrachte ich – wenn ich nicht lernen musste – auf dem Hof meines Freundes. Ich half ihm bei der täglichen Arbeit im Stall und auch bei einigen Feldarbeiten. Am Ende meines Studiums haben wir dann den Entschluss gefasst, zu heiraten und seinen Betrieb gemeinsam zu bewirtschaften. Zu diesem Zeitpunkt hatte sich bereits herauskristallisiert, dass mein Verhältnis zu meiner zukünftigen Schwiegermutter nicht so unproblematisch war. Hatten wir uns während der Ausbildungszeit auch gut verstanden, als Schwiegertochter war ich nicht willkommen. Eine Bauerntochter aus der Region wäre ihrem Wunschbild deutlich näher gekommen. Ich dagegen kam nicht vom Hof, noch schlimmer: Ich war „eine aus der Stadt" ohne hauswirtschaftliche Ausbildung und ohne Mitgift – außer der gleichen Konfession konnte ich nichts bieten, was für meine Schwiegermutter wichtig gewesen wäre. Mein Hochschulstudium war wertlos, da „Studierte" ohnehin von der Praxis keine Ahnung hatten.

Den ersten großen Zusammenstoß hatten wir bereits vor der Hochzeit, als mein Mann und ich beschlossen hatten, nur standesamtlich zu heiraten. Das hätte es in unserem Dorf noch nie gegeben! Es war völlig zwecklos, ihr zu erklären, dass ich gerne kirchlich geheiratet hätte, mein Mann dies aber absolut nicht wollte. Auch über die Aufteilung der Wohnräume gab es Streit. Mein Mann wollte, dass wir unten im Haus wohnen, meine Schwiegereltern wollten ihrerseits unten in ihren Räumen bleiben und nicht nach oben ziehen, wo sie sich abgeschoben vorkamen. Letztlich hat sich mein Mann dann durchgesetzt, aber meine Schwiegermutter hat bis zu meinem Auszug darauf hingewiesen, dass sie niemals hätte nach oben ziehen wollen.

Nach unserer Heirat wurden in kurzem Abstand unsere ersten beiden Kinder geboren, was dazu führte, dass ich mehr Zeit im Haus und weniger Zeit im Betrieb verbrachte. Hatte bis dahin meine Schwiegermutter für uns alle gekocht, schlug sie nun vor, dass wir uns doch abwechseln könnten. Das brachte mich in eine missliche Lage, da ich nie kochen gelernt hatte. Ich werde den Tag nie vergessen, an dem meine Schwiegermutter sich vormittags mit den Worten verabschiedete: „Ich habe da im Topf eine Zunge aufgesetzt, ich hoffe, dass das Essen um zwölf Uhr fertig ist." Das war das erste Mal in meinem Leben, dass ich eine komplette Schweinezunge in einem Kochtopf schwimmen sah. Ich hatte absolut keine Ahnung, was ich damit machen müsste, damit diese um zwölf Uhr essbar auf dem Tisch stünde. Der Schweiß brach mir aus und hektisch überlegte ich, wen ich wohl hilfesuchend anrufen könnte. Meine Mutter war genauso ratlos wie ich, erst eine junge Bäuerin aus dem Nachbardorf konnte mir weiterhelfen.

An diesem Tag beschloss ich, Hauswirtschaft zu erlernen. Mir war klar, dass dies das Einzige war, mit dem ich hier auf dem Hof würde bestehen können. Kochen, Backen und Putzen zu lernen war zudem die einzige Legitimation, um Zeit außerhalb des Hofes zu verbringen. Ich meldete mich bei der Landwirtschaftskammer zu entsprechenden Kursen an und machte im folgenden Jahr meinen Abschluss zur ländlichen Hauswirtschafterin und später auch noch die Meisterprüfung.

Im Laufe der nächsten Jahre bekam ich nochmals zwei Kinder, sodass ich kaum noch im Betrieb, sondern fast nur noch in Haus und Garten aktiv war. Das Verhältnis zu meiner Schwiegermutter verschlechterte sich immer mehr. Mir fiel es immer schwerer, dem traditionellen Bild einer Bäuerin gerecht zu werden. Den großen Gemüsegarten zu bewirtschaften, Möhren, Bohnen, Rotkohl einzukochen. Apfelmus herzustellen, Marmelade zuzubereiten. Ich weiß nicht, wie viele Gläser Eingekochtes ich jedes Jahr im Keller stehen hatte. Es durfte kein Apfel und keine Birne verkommen, keine Bohne am Busch hängen bleiben. Der große Ziergarten musste gepflegt, das Haus sauber gehalten und die Kinder bestmöglich erzogen werden. Und zwar alles so, wie es meine Schwiegermutter haben wollte bzw. wie es schon immer gemacht wurde. „Das war schon immer so" und „Das hat meine Mutter schon so gemacht" waren ihre alles erklärenden Kommentare. Egal, was ich auch tat, es war immer etwas falsch. Waren die Kinder krank oder lief im Stall irgendwas nicht nach Plan: Immer hatte ich etwas falsch gemacht und war schuld an allem.

Bei Engpässen war dann auch noch meine Hilfe im Stall gefordert: „Kannst du nicht mal eben ...", war so ein Satz, auf den ich heute noch allergisch reagiere, wenn irgendjemand mich so zur Arbeit auffordert.

Gerne hätte ich mehr Freiräume gehabt, das enge Zusammensein mit meinen Schwiegereltern beendet, wenigstens die gemeinsamen Mahlzeiten aufgelöst und die Arbeitsbereiche zwischen meiner Schwiegermutter und mir klar abgegrenzt. Viel zu lange hatte ich gedacht, dass so etwas auf einem landwirtschaftlichen Betrieb nicht möglich sei.

Die ständigen Auseinandersetzungen mit meiner Schwiegermutter und meine daraus resultierende Unzufriedenheit hatten natürlich auch Auswirkungen auf meine Ehe. Mein Mann hielt sich aus allem raus, bezog keine Position und hielt das alles für eine Angelegenheit zwischen mir und seiner Mutter, die wir unter uns zu regeln hätten. Die letzten Jahre haben wir nur noch nebeneinanderher gelebt. Trotzdem war der Schock riesig, als sich herausstellte, dass mein Mann eine Freundin hatte. Plötzlich wurde mir klar, dass ich vor dem Nichts stand. Ich hatte zwar 14 Jahre gearbeitet, stand nun aber ohne Beruf da, ohne eigenes Geld und dann die Kinder ... Wie teilt man seinen Kindern mit, dass sich Mama und Papa trennen werden? Wo bleiben die Kinder? Tausend Fragen stürmten auf mich ein, auf die ich keine Antworten hatte. Wochenlang konnte ich vor Angst, was aus mir und den Kindern werden sollte, kaum etwas essen. Mein Mann wollte die Kinder behalten, ich wollte sie mitnehmen, aber wohin? Wie sollte ich finanziell klarkommen?

Mein Mann und ich haben uns dann hilfesuchend an eine Familienberatungsstelle gewendet. Dort hat man uns empfohlen, nicht die Kinder entscheiden zu lassen, bei welchem Elternteil sie leben wollen, weil sie damit überfordert seien, eine Entscheidung für oder gegen ein Elternteil zu treffen, sondern eine Entscheidung vorzugeben. Wir haben beschlossen, die Jungen bei ihrem Vater zu lassen, während ich die Mädchen mitnehmen wollte. Ganz deutlich

haben wir unseren Kindern aber auch gesagt, dass diese Entscheidung immer wieder überprüft und verändert werden könne. Im
nächsten Dorf habe ich eine Wohnung und über das Arbeitsamt
eine Arbeitsstelle gefunden. Hier kam mir zugute, dass ich auf dem
Hof noch die Meisterprüfung in der Hauswirtschaft gemacht hatte.
So konnte ich bei einem Bildungsträger arbeiten, der Jugendliche
in der Hauswirtschaft qualifiziert.

Ein halbes Jahr, nachdem ich von der neuen Beziehung meines
Mannes erfahren hatte, bin ich mit meinen Töchtern ausgezogen.
Es war der schlimmste Augenblick meines Lebens, als ich meine
Söhne auf dem Hof zurücklassen musste. Die nächsten Jahre waren
für alle Kinder sehr schmerzlich. Mein Mann und ich haben in dieser Zeit kaum miteinander geredet, da wir uns finanziell nicht einigen konnten. Zum Glück haben wir es hinbekommen, wenigstens
nicht um die Kinder zu streiten. Abwechselnd haben alle vier ein
Wochenende bei mir verbracht und dann das nächste bei ihrem Vater.

Mit ist es schwergefallen, in der Nähe des Hofes wohnen zu bleiben und meinen Mann und seine Lebensgefährtin häufig, z.B. beim
Einkaufen, zu treffen. Aber für meine Kinder war es die richtige
Wahl. So konnten sie sich auch unabhängig von Wochenenden und
Ferienzeiten treffen. Die Aufteilung der Kinder ist von ihnen selbst
nie in Frage gestellt worden. Sie haben immer wieder gesagt, dass
weder Mama noch Papa alleine sein sollten.

Inzwischen sind meine Söhne erwachsen und studieren. Ich bin
mit meinen Töchtern noch einmal umgezogen, in ein Haus mit Terrasse und Garten, was wir drei sehr zu schätzen wissen.

Fünf Jahre nach unserem Auszug bin ich geschieden worden. Mit
der Scheidung konnten mein Mann und ich unsere finanziellen
Streitereien beenden. Heute können wir uns auf Familienfesten be-
gegnen und unterhalten, was für alle Beteiligten eine große Erleichterung ist. Mein Ex-Mann ist wieder verheiratet und hat zwei
Söhne, mit denen sich meine Kinder gut verstehen.

Heute, vier Jahre nach der Scheidung, geht es mir wieder richtig gut. Ich arbeite jetzt bei einem anderen Bildungsträger, wo ich neben Hauswirtschaft auch Deutsch und Biologie unterrichte für Jugendliche, die ihren Hauptschulabschluss nachholen möchten. Die Arbeit mit jungen Leuten bringt mir viel Freude, sodass ich ab dem nächsten Jahr berufsbegleitend sechs Semester soziale Arbeit studieren möchte. Meine Erfahrungen, die ich auf dem Hof sammeln konnte, kommen mir bei meiner Arbeit sehr gelegen. Auf einem Hof weiß man nie genau, was der Tag bringen wird, manchmal kommt es anders, als man denkt, ständig muss man Arbeitspläne, z.B. ans Wetter, anpassen. So ist es auch bei meiner jetzigen Arbeit. Nie weiß ich, welche Probleme gelöst werden müssen.

Im Rückblick hätte ich mir für meine Söhne und Töchter natürlich den Erhalt der Familie gewünscht. Für mich persönlich hat sich mein Leben positiv entwickelt. Natürlich waren die ersten Trennungsjahre geprägt von Angst vor einer ungewissen Zukunft, Schmerz über die Trennung von den Söhnen und Wut auf meinen Mann. Aber nachdem ich das Stadium überwunden hatte, kann ich doch wieder relativ beruhigt in die Zukunft blicken. Die Kinder gehen überwiegend ihre eigenen Wege, ich habe meine Arbeit und noch dazu eine, die Spaß macht, und ich habe viele neue Freunde und Bekannte kennengelernt. Heute habe ich Zeit, auch mal auf meiner Terrasse zu sitzen, bei einem Cappuccino und einem guten Buch, ohne schlechtes Gewissen, weil noch so viel zu tun ist. Ich habe auch wieder Zeit für Hobbys, so jogge ich zweimal die Woche und gehe im Sommer regelmäßig schwimmen. Letztes Jahr war ich mit dem Lauftreff des örtlichen Sportvereins in Stockholm zum Marathon, was mir so gut gefallen hat, dass ich demnächst schwedisch lernen möchte. Und dieses Jahr habe ich mit einer Freundin Wanderurlaub in den österreichischen Alpen gemacht, was einfach traumhaft war.

Die vergangen Trennungsjahre möchte ich nicht noch mal durchmachen müssen. Ohne meine Freundinnen Hilde, Anita und Gudrun, die sich immer wieder meine Klagen angehört haben, und ohne professionelle Hilfe in Form einer Gesprächstherapie wäre die Zeit sicher noch viel anstrengender gewesen. Wenngleich ich auch schöne Seiten des Hoflebens in Erinnerung habe – den Platz und die Weite, die Freiheit, mit überraschendem Besuch eine Stunde Zeit zu verbringen –, im Rückblick überwiegt die Erleichterung, dass alles vorbei ist. Ich wollte nicht für eine Stunde zurück!

Für meine persönliche Zukunft wünsche ich mir in erster Linie Gesundheit, Zuversicht und Gelassenheit, um auftretende Probleme möglichst gut bewältigen zu können.

Marianne, Altenpflegerin in Baden-Württemberg

Vogelmiere aus meinem Balkonkasten

Wenn ich aufgefordert werde: „Erzähl aus deinem Leben!", dann muss ich zurück fragen: „Aus welchem – dem ersten oder dem zweiten?" Mit meiner Rückfrage wird mir dann immer bewusst, dass meine körperliche Geburt vor 60 Jahren und mein Neubeginn vor sieben Jahren so viele Parallelen aufweisen.

Das Kleinkind, das mühsam jeden Schritt erlernen muss. Die alleinstehende Frau, die ängstlich lieber in die Knie geht, als den überlebensnotwendigen Schritt zu machen. Das Kleinkind lernt in vielen Phasen der Entwicklung das „Ich"-Sagen, seine Persönlichkeit zu verteidigen. Die alleinstehende Frau muss sich in harter Arbeit auf die Suche machen nach ihrer Identität, das „Wir" ist weggebrochen. Gedanken, Bilder, Worte tauchen auf, wiederkehrend wie ein Bumerang der Satz: „Es war einmal ..."

Ja – ich war einmal Bauersfrau, 27 Jahre lang. Mit 25 Jahren habe ich damals eingeheiratet – aus Liebe! Als Bauerntochter auf einem kleinbäuerlichen Hof in Süddeutschland geboren, habe ich in meiner Kindheit und Jugend vor allem zweierlei gelernt: das Arbeiten und das Sparen! Als Hofnachfolger war zwar mein Bruder vorgesehen, trotzdem wurde nach meinem Schulabschluss meine Mithilfe zu Hause gebraucht und damit war eine Ausbildung in der Ländlichen Hauswirtschaft vorgegeben. Zu meinem Glück hat meine Lehrfrau im zweiten Ausbildungsjahr auf einem Fremdbetrieb dafür gesorgt, dass ich nach dem Abschluss nicht als „mithelfende Familienangehörige" auf den elterlichen Hof zurückging, sondern mich außerhalb weiterbilden konnte. In den Jahren bis zur Heirat habe ich die Hauswirtschaft in verschiedenen Großbetrieben geleitet und jede freie Minute auf dem elterlichen Hof mitgeholfen. Aus Pflichtgefühl, aber auch, weil ich gerne auf dem Hof, in der Natur und mit Tieren gearbeitet habe.

Als ich meinen Mann kennenlernte – es war Liebe auf den ersten Blick –, konnte ich mir sehr gut vorstellen, als seine Ehefrau und Bäuerin auf seinen Hof zu ziehen. Ich freute mich regelrecht darauf, mit ihm eine gemeinsame Zukunft zu planen. Es war ein größerer Hof, meine Verwandten scherzten, dass ich nun ja wohl eine Herrenbäuerin an der Seite eines studierten Landwirts werden und ein schönes Leben haben würde. Davon fand ich auf diesem Hof in der Anfangszeit allerdings nichts wieder. Die Schwiegereltern führten weiterhin den Hof, mein Mann und ich waren in den ersten Jahren angestellt und wurden auch so behandelt. Sie waren wohl froh, dass mit mir eine Schwiegertochter ins Haus kam, die arbeiten konnte. Und Arbeit gab es von morgens bis abends. Ich fühlte mich gut, dass ich durch meine Mitarbeit vor allem die Schwiegermutter entlasten konnte, ihr dadurch einen leichteren und besseren Alltag ermöglichen konnte. Auch dachte ich, mich auf diese Weise „hochdienen" zu können, Anerkennung und Akzeptanz zu erhalten. Ihre eigenen Töchter hatten was Besseres gelernt, und wenn sie oft über mehrere Tage zu Besuch kamen, durfte ich sie selbstverständlich mitversorgen und ihre Wäsche waschen. Es war ebenso selbstverständlich, dass für die Männer extra gekocht wurde. Wenn die Frauen und Kinder Süßspeise aßen, wurde für die Männer Schnitzel gebraten.

Erst nach der Hofübergabe konnten wir unsere eigenen Vorstellungen nach und nach verwirklichen. Wir gaben die Legehennenhaltung und die Bullenmast auf und bauten einen großen Schweinemaststall außerhalb des Dorfes. Es war eine gute Zeit. Arbeitsmäßig wurde vieles einfacher und wir haben gutes Geld verdient. Später haben wir noch ein Wohnhaus draußen gebaut und ich konnte mich mit der Planung des Hauses und der Anlage des Gartens verwirklichen. Ich arbeitete gerne, konnte auch den Stall über mehrere Tage alleine versorgen. Ich hatte gute Freundinnen im Dorf und in der Nachbarschaft. Dort konnte ich am Sonntagmorgen noch das Päckchen Backpulver oder nachmittags den Becher Sahne ausleihen. Wir haben die restlichen Salatsetzlinge ausgetauscht, die Geburtstage gemeinsam gefeiert und uns unsere Sorgen und Freuden erzählt. Unsere drei Kinder wuchsen in einem guten Umfeld auf. Wir waren glücklich!

Ja – ich war Ehefrau. Frau an der Seite eines gut aussehenden, erfolgreichen Großbauern. Wir haben uns hervorragend ergänzt. Er liebte das Repräsentieren nach außen, mit einem Hof, der immer zum Vorzeigen sein musste, und auch mit seinen Ehrenämtern, die immer zahlreicher, größer und wichtiger wurden. Oft blieben mir nur die Arbeit zu Hause und im Stall, die kleinen Ämter im Dorf und der Kontakt zu den „gewöhnlichen" Leuten. Das war das Umfeld, das mir vertraut war und in dem ich mich auch gerne aufhielt. Die Großzügigkeit meines Mannes empfand ich allerdings als verschwenderisch. Anstatt mich über seine wertvollen und extravaganten Geschenke zu freuen, waren sie mir eher peinlich. Manchmal habe ich den Schmuck erst im Auto angelegt, wenn der Hof außer Sichtweite war und die Schwiegereltern es nicht mehr sehen konnten. Innerlich war ich oft zerrissen: Einerseits war ich stolz, an seiner Seite zu sein, von seinem Glanz etwas abzubekommen und sogar zu seinem Erfolg beizutragen. Andererseits war mir das überhebliche Auftreten manchmal zuwider. Aber er war unseren Kindern ein guter Vater und sie konnten seine Großzügigkeit auch wesentlich mehr genießen als ich.

Aus dieser vermeintlichen Idylle bin ich jäh erwacht, als das Wort Trennung wie ein Blitz in mein Herz eingeschlagen hat. Ja – er könne sich vorstellen, ein neues Leben anzufangen, so die kurze Erklärung, als die Beziehung zu einer anderen Frau nicht mehr zu leugnen war. Die Tatsache, aussortiert und ersetzt worden zu werden, waren bis zu diesem Tag nicht mit dem leisesten Gedanken in meinem Kopf vorhanden. Dass die Liebe des geliebten Partners zu mir gestorben ist, hat mich in tiefste Tiefen gerissen, in ungeahnte Ängste und Verzweiflungen getrieben. In Depressionen versunken, konnte ich wochenlang nicht mehr schlafen, nicht mehr essen. Nach einem Kuraufenthalt bin ich ausgezogen. Mit einem Viehanhänger in eine Einzimmerwohnung.

Nicht mehr Bäuerin, nicht mehr Ehefrau, nicht mehr Nachbarin! Ohne Hof, ohne Heimat, ohne Arbeit – alles war auf einmal weg. Die Tage waren sinnlos. Das plötzliche „Alleinstehend" war wie ein Berg, der sich bedrohlich zu mir neigte und mich erdrückte. Es war, als ob ich in eine tiefe, dunkle Schlucht gestürzt wäre ohne Aussicht, dass sich jemals ein Sonnenstrahl zu mir verirrte. Diese Seelenqualen, Seelenschmerzen wünsche ich niemandem.

Mein Zufluchtsort wurde die Großstadt, 20 km von der verlassenen Heimat entfernt. Wie ein Flüchtling, eine Heimatvertriebene fühlte ich mich in der ersten Zeit in der sehr einfachen Einzimmerwohnung mit Bad über dem Flur, nur den nötigsten Einrichtungsgegenständen und Hausrat bei mir. Es war doch nicht viel, was beim Auszug in den Einachsviehanhänger passte. Aber welche Geborgenheit die gewohnte Matratze, auch wenn sie auf dem Boden lag, mir gab, war wieder eine besondere Erfahrung. Ebenso mein erster Muttertagssonntag mit dem Besuch der Kinder und dem kleinen Enkel wird mir unvergesslich in Erinnerung bleiben. Mangels Tisch, Stühlen und Platz diente die Tischdecke auf dem Fußboden mit dem Wiesenstrauß zu unserem Festtagspicknick. Sogar einen Kuchen konnte ich schon anbieten, denn wenige Tage zuvor hatte es sich ergeben, dass ich einen Backofen aus einer Haushaltsauflösung bekommen hatte.

Grimms Märchen von Aschenputtel wurde zu meiner Lebensgeschichte. Ebenfalls durch eine andere Frau meiner Rolle beraubt, war ich wohl wie Aschenputtel zum Linsen-Lesen verdammt, während andere sich vergnügten und sogar tanzen gingen. So wie Aschenputtel sich Kraft am Haselstrauch beim Grab ihrer Mutter holte, so wurde mir meine bäuerliche, bodenständige und auch bescheidene Herkunft zur Kraftquelle. Die Geduld, die Ehrlichkeit, der Fleiß und auch die Bescheidenheit Aschenputtels haben mir imponiert, darin konnte ich auch einen Teil meines Charakters erkennen und würdigen. Und wie in diesem Märchen Aschenputtel durch die Mithilfe von Vögeln immer wieder Erlösung fand, haben sich auch bei mir Türen im übertragenen und wörtlichen Sinne aufgetan. In dieser schwersten Lebenskrise habe ich durch nie geahnte und bis dahin auch nicht erfahrene Fügungen und Zufälle Hilfe erfahren. In dieser Zeit fand ich meinen Halt in der Religion, wenn auch auf eine andere Weise als die vielen Lebensjahre zuvor. Dass ich durchgetragen und wie von unsichtbarer Hand geführt wurde, nahm ich als Beweis, dass es einen Gott gibt, der es gut mit mir meint.

So viele wundersame Ereignisse gaben mir wirkliche Rückbindung und das daraus entstandene Empfinden, dass auch ich eingebunden bin in ein festes Gefüge. Anders konnte ich mir die hilfreichen Zufälle, die mir tatsächlich „zufielen", nicht erklären. Sehr häufig traten diese Ereignisse aber erst ein, wenn mein Denken und Sorgen keinen Ausweg und keine Lösung mehr fanden, wenn ich resigniert und losgelassen hatte. Aus dieser vermeintlichen Ohnmacht ist dann eine machtvolle Kraft erwachsen, und neue Ideen entstanden. Ich hatte wieder Mut und Selbstbewusstsein einen Schritt vorwärts zu gehen, schwierige Verhandlungen in Bezug auf Scheidung, Abfindung, Rentenabsicherung und dergleichen anzupacken.

Der Aufenthalt in der Natur wurde mir unbewusst zum Mittel, um mich aus meiner Depression zu reißen. Viele Stunden saß ich im Wald auf abgesägten Bäumen und entwurzelten Stämmen, die Lothar und Wiebke nicht standgehalten hatten. Mit ihnen habe ich mich so solidarisch, so verbunden gefühlt. Ihnen musste ich nichts erklären, es war ein stilles Einvernehmen, das mir Trost und Hilfe gab. Und wenn dann noch eine Vogelfeder durch die Luft tanzte oder am Boden lag, nahm ich es als Zeichen, dass Aschenputtels gefiederte Helfer auch irgendwo in meiner Nähe waren. Eine kleine Feder trug ich monatelang in einem Medaillon, zur Erinnerung an den Tag des endgültigen Abschieds vom Hof. Es war der Tag des Notartermins, an dem ich meine Unterschrift zum Verkauf von Haus und Hof leisten musste, um im Gegenzug meine Abfindung für 27 Jahre Bauersfrau zu erhalten. Mit weichen Knien hängte ich meine Jacke an den Kleiderhaken der Garderobe in der Kanzlei, als mein Blick auf dem Fußboden diese kleine, flaumige Feder entdeckte. Mit wurde leicht ums Herz, denn ich sah darin die Bestätigung, dass mein Ruf nach Hilfe von oben erhört wurde und ich darauf vertrauen konnte, diese schwere Aufgabe zu schaffen.

Die Begleitung von professionellen Therapeuten nahm ich dankbar an, sie wurde mein neues Arbeitsfeld, füllte meine Tage mit Sinn, gab meinen zwei ersten Sabbatjahren eine feste Struktur, ein Gerüst. So hat eine erfahrene Kunsttherapeutin mich in Einzelstunden und später Gruppenstunden begleitet, gestützt und geführt. Ich war immer wieder erstaunt, wie das Fertigen von Bildern ein Innenleben sichtbar machte. Farbe, Form, Gestalt sprachen eine leicht verständliche Sprache. Heilung, Wachstum geschah hier im Verborgenen, wie beim Keimling im Weizenkorn.

Eine weitere Krücke wurde mir das Schreiben. Meine Büchle und mein Bleistift waren immer bei mir. Wenn ich keinen Ausweg mehr sah, die Tränen liefen und die Traurigkeit wie eine klaffende Wunde schmerzte, drängte es mich, meine Gefühle niederzuschreiben, abzulegen. Danach ging es mir wieder besser, wurde es wieder heller um mich. Großen Trost und Zuspruch fand ich auch durch das Lesen von Biografien von Männern und Frauen, die auch schwere Schicksalsschläge überstanden hatten. Dort konnte ich dann Sichtweisen und Sätze annehmen, sie haben mich oft über Wochen und Monate als festes Leitseil begleitet. Ein Satz von Ricarda Huch wurde mir in der ersten Zeit zum Geleit: „Tradition heißt nicht, die Asche aufheben, sondern die Flamme weiterreichen." Mein Aschenputtel-Denken hat diesen Hinweis sehr wohl verstanden.

Es war einmal und ist nicht mehr, so formuliert der rumänische Volksmund den Beginn seiner Märchen. Dass nichts mehr so ist,

wie es war, musste ich in so vielen Situationen des Alltags psychisch und physisch durchleben. Jede Jahreszeit hatte ihre eigenen
Gerüche und Geräusche und setzte ganze Filme vor meinem inneren Auge in Gang. Filme, die mich daran erinnerten, wie es früher
war und jetzt nicht mehr ist: der Geruch der Erde im Frühjahr,
wenn ich die ersten Radieschen aus dem Boden zog, ihr Geschmack
mit Butter und frisch gebackenem Brot; die staubtrockene Erde im
Sommer, die beim Steinesammeln auf den Feldern an den Händen
haftete; das Glück, zwischen den Steinen einmal eine Scherbe unserer Vorfahren zu entdecken und in den Händen zu halten, die
mich in Ehrfurcht mit den Menschen verband, die viele Generationen vor mir auf dieser Erde, diesem Feld gearbeitet hatten; beim
Fahrradfahren der Blick über wogende Ährenfelder und in meinen
Gedanken ich mittendrin die Fahrgassen auf- und abgehend, um
die sortenfremden Halme abzuschneiden, damit das Getreide als
Saatgutvermehrung anerkannt wurde; der Geruch der frisch ge-
pflügten feuchten Erde im Herbst und das wohltuende Gefühl, dass
sich damit die geschäftige Zeit der Ernte dem Ende zuneigte, verbunden mit tiefer Dankbarkeit über die eingebrachte Ernte und der
Vorfreude auf die ruhigere Zeit mit den langen, gemütlichen Aben-
den im Hause; das Frühstück am Sonntagmorgen – das ganze Haus
roch anders: nach frisch geputzt, nach selbst gebackenem Kuchen
und dem Blumenstrauß aus dem Garten, dazu das unbeschreibli-
che Gefühl, diesen Tag nur mit der Familie verbringen zu können;
die gefüllten Einmachgläser im Herbst; der leere Schweinestall,
wenn mal wieder eine Mastgruppe den Stall verlassen hatte ... Bilder über Bilder, Erinnerungen, die mich bis heute nicht zur Ruhe
kommen lassen. Es fällt mir immer noch schwer, meine Nahrungs-
mittel aus zweiter Hand zu verspeisen. Ich war es gewohnt, Selbstversorger zu sein, eine persönliche Beziehung zu einem Lebens-
mittel zu haben. Stand ich am Marktstand oder im Supermarkt, so
purzelten meine Gedanken durcheinander: Wo kommt der Rhabar-
ber, der Salat, der Rettich her, wer hat ihn gepflanzt, gepflegt, ge-

erntet, in den Händen gehalten? Und in Gedanken sah ich den Rhabarberstrauch vor mir, der in meinem Garten schon seit Generationen von den Bäuerinnen des Hofes gepflegt und verkocht wurde. Diese Erinnerungen haben mir dann immer wieder den Appetit verschlagen und Tränen in die Augen getrieben. Es dauerte Jahre, bis ich ein Petersiliensträußle kaufen und essen konnte, ohne meinen Garten zu beweinen.

Die Tränen liefen nicht nur des Gartens, sondern des ganzen Hofes wegen. Er war die Lebensgrundlage und der Lebensinhalt von vielen Generationen vor uns gewesen. Dass wir durch unsere Entscheidung diese Kette unterbrochen und damit unserem Sohn eine Zukunft auf dem Hof nahmen, diese Tatsache hat mich in Konflikte und Schuldgefühle gebracht. Die beiden Töchter waren zu dieser Zeit schon ausgezogen und hatten ohnehin ihre Zukunft ohne den Hof geplant. Unser Sohn jedoch hatte gerade sein Studium der Landwirtschaft abgeschlossen und wollte die Zeit bis zur Hofübernahme durch eine außerbetriebliche Tätigkeit eigentlich nur überbrücken. Durch ehrliche Gespräche, durch das Annehmen, dass mein, dass unser Lebensunterhalt gesichert sein musste, konnte ich mit der Zeit mein Einverständnis zu vielen Lösungsvorschlägen geben, die ich vor Jahren nicht für möglich gehalten hätte. Letztlich auch zum Verkauf des Hofes.

So wie Aschenputtel sich in ihr Schicksal fügte, demütig das Unvermeidliche hinnahm und trotzdem die Hoffnung nie aufgab, dass sich eines Tages alles zum Besseren wenden würde, so wusste auch ich in meinem Innersten, dass ich als einfache Bauersfrau ein Leben danach in Angriff nehmen konnte. Dies gab mir wieder festen Boden unter die Füße. Bewusst und auch unbewusst habe ich viele Überlebensstrategien entwickelt. Es gelang mir zunehmend, den Blick auf die Dinge zu richten, die in diesem neuen Lebensabschnitt ermöglicht wurden. So zum Beispiel auch die Freude am Genuss einer Tasse Cappuccino und einer knusprigen Brezel in meiner Stammbäckerei, einfach so unter der Woche an meinem arbeitsfrei-

en Tag, bei bestem Wetter oder zur Stallzeit. Beim Milchschaum-
löffeln schmunzle ich dann immer wieder über den Satz, den ich
dabei einmal in mein Büchle schrieb: Ich tauschte Petersilie gegen
Cappuccino.

Mein neuer Arbeitsplatz, die Betreuung und Pflege von an De-
menz und Alzheimer erkrankten Menschen gibt mir das Gefühl
wieder gebraucht zu werden, aber auch meinen Lebensunterhalt
selbst bestreiten zu können. Auch die Erfahrung, freie Tage und Urlaubstage gestalten zu dürfen, macht mich immer wieder glücklich.
Ich genieße es, mit meinem Fahrrad auf Tour zu gehen oder auch
in diesem Sommer wieder mit einer Frauengruppe den Pilgerweg zu
gehen. Freude und Erfüllung finde ich auch in meinen ehrenamtlichen Tätigkeiten, als Mitarbeiterin der Klinikseelsorge und dem
Begleiten von sehbehinderten und blinden Mitmenschen. Die Ausbildung dazu hat mir viel Selbst- und Menschenkenntnis gebracht,
neue Sichtweisen auf mich und mein Hier und Jetzt gegeben.

Ein besonderes Anliegen ist mir der Kontakt zu Frauen, besonders zu Bäuerinnen, deren Lebensweg durch Trennung oder Scheidung auch radikal verändert wurde. Mit einem kleinen Kreis von
Betroffenen pflege ich seit sechs Jahren Kontakt, dies tut uns sehr
gut. Ich würde mich freuen, wenn ich unsere Selbsthilfegruppe auf
eine größere Ebene ausdehnen könnte. Ich selbst hatte erleben
dürfen, dass Betroffene intensiven und echten Beistand geben
können.

Immer wieder frage ich mich: Warum war es mir erst auf erzwun-
genen Wegen möglich, manche Persönlichkeitsaspekte in mir zu
entdecken und in mein Leben zu integrieren? Liegt in allem schein-
bar Sinnlosen vielleicht doch ein tiefer Sinn? Zu lange hatte ich der
Petersilie nachgetrauert und erst spät bemerkt, dass auch die gesunde schmackhafte Vogelmiere aus meinem Balkonkasten zu essen ist. Erst jetzt kann ich so langsam wieder das Licht hinter dem
Schatten sehen. Das Feuer über der Asche. Die schönen Kleider im
Haselstrauch.

Nie hätte ich mir in meinem ersten Leben vorstellen können, dass ich so einen Schicksalsschlag überlebe. Es ist ein Wunsch von höherer Stelle, aber auch eine Sehnsucht von mir selbst, mein Leben täglich ganz bewusst zu gestalten und in all seiner Fülle anzunehmen. Heute kann ich erkennen, dass dieses Leben, dass mein Leben nicht an einen Ort oder gar an einen Hof gebunden ist. Es geht mir wieder besser!

Gesa, Arzthelferin in Niedersachsen

Wenn das Haus erzählen könnte

Ich sitze im Zug nach Hamburg, fahre zu meiner jüngsten Schwester. 100 km von zu Hause weg beginne ich zu schreiben. Ich brauche Abstand, im Haus auf dem Hof fehlen mir die Worte.

Die Geschichte des ostfriesischen Gulfhauses beginnt 1908. Zwei Jahre hat der Aufbau des damals größten Hofes in einem kleinen Siedlerdorf gedauert. Der Torf wurde abgebaut, die Felder mit Buchweizen und Schafzucht bewirtschaftet. Dann kamen Kühe, Pferde, Deckbullen.

Wenn das Haus erzählen könnte: von meinem Urgroßvater mütterlicherseits, der den Hof aufbaute und mit 29 Jahren an Tuberkulose verstarb. Er hinterließ meine Urgroßmutter mit vier Kindern. Sie heiratete den Schwager, so blieb der Hof in der Familie und sie bekamen noch fünf Kinder. Meinen Urgroßvater habe ich noch als kleines Mädchen kennengelernt. Er wurde damals von meiner Oma gepflegt und bekam Milchbrei mit Kölln Haferflocken. In jeder Packung gab es bunte Bildchen. Ich habe diese von ihm geschenkt bekommen und gesammelt.

Mein Opa war Viehhändler, ich bin oft mit ihm zu Auktionen auf großen Märkten gefahren, früh um 4.00 Uhr ging es los. Per Handschlag wurde der Kauf besiegelt. Das Geld hat er im Geldschrank in seinem Büro eingeschlossen. Dort saß mein Opa oft versteckt im Qualm seiner Zigarre in seine Bücher vertieft. Ich habe meine Großeltern oft mit dem Fahrrad besucht. Mein Geburtsort war ca. 9 km von ihnen entfernt. Meine Mama hatte meinen Vater, einen Bauern aus dem Nachbarort mit eigener Hofstelle, geheiratet.

Wenn das Haus erzählen könnte: von meinem Onkel, der sich 1971 in der Gulfhofscheune das Leben nahm. Er erhängte sich einen Tag vor dem Geburtstag meiner mittleren Schwester. Sein Vater, mein Opa, fand ihn. Das war ein tiefer Einschnitt für alle!

Durch den Tod des einzigen Sohnes, des Hoferben, wurde das Verhältnis zwischen den drei Töchtern getrübt. Da meine Mama ja einen Bauern geheiratet hatte, wurde ihr der Hof übertragen. So gab es deswegen Streit, es wurden keine gemeinsamen Feste mehr in dem Haus gefeiert.

Wenn das Haus erzählen könnte: von der Weide hinterm Hof, es gab genug davon. Meine Eltern haben im Sommer dort bei Oma und Opa die Kühe laufen lassen und gemolken. Im Winter wurden sie bei meinem Elternhaus aufgestallt. Ich sollte was Besseres lernen, keine Landwirtschaft, sondern am liebsten einen Bankberuf, das wollte mein Vater so. Ich habe dann mit 18 eine Ausbildung zur Arzthelferin gemacht und Opa seinen kaputten Raucherfuß verbunden. Er saß zum Schluss nur im Wohnzimmer und las Romane. Meine Oma hatte oft mit Gallenkoliken zu kämpfen.

Ein anderer Lebensabschnitt folgte. Mein Freund lernte Landwirtschaft und ich zog mit ihm nach Westfalen, wo er Agrarwissenschaften studieren wollte. Ich erinnere mich, meine Mutter besuchte mich dort mit meiner jüngsten Schwester. Mutter fragte mich, ob ich mit meinem Freund zurück nach Ostfriesland ziehen würde. Ich habe Nein gesagt. Sie habe ganz heftig geweint, erzählte meine Schwester später. Ich hatte damals eine Weiterbildung im Allgäu zur Kneipp- und Bademeisterin gemacht und arbeitete auch in diesem Beruf in einem Seniorenheim und einer Massagepraxis. Die Arbeit gefiel mir sehr. Weit vom Geburtsort weg zu sein, war ein Stück Freiheit.

1981 zog meine Tante aus dem oberen Stockwerk des Gulfhofes nach nebenan, sie hat mit ihrem Mann die Altenteilerhofstelle von Oma bekommen und dort gebaut. In diesem Jahr verstarb auch mein Opa. Oma war jetzt allein in dem alten Haus. Sie übernahm viele Aufgaben von meinen Eltern. Sie war durch und durch Bäuerin. Sie stammte übrigens aus dem Holsteinischen, wo sie meinen Opa kennengelernt hatte, als er dort Hofverwalter war. Ja – sie blieb immer eine Zugereiste. Sie wurde einsam.

Mein Freund hat sein Agrarstudium nicht beendet. Viel lieber arbeitete er in einer Baumschule. Mit 27 bekam er Post vom Kreiswehrersatzamt mit dem Einzugsbefehl. Er machte mir einen Heiratsantrag und ich habe „Ja" gesagt. So wurde er nicht mehr eingezogen und wir planten für uns eine gemeinsame Zukunft. 1984 heiratete ich meinen Freund, und wir zogen zu Oma in diesen alten Gulfhof. Dies hatten wir mit meinen Eltern und Oma besprochen. So haben wir begonnen, beide Höfe zu bewirtschaften.

Wenn das Haus erzählen könnte: Wir haben gefeiert, umgebaut, ausgebaut. Das Dach neu gedeckt, gepflastert, Heizung erneuert – vorher wurde noch mit Torf und Brikett geheizt –, ein Badezimmer in die alte Milchkammer eingebaut. Vorher musste man durch den alten Stall zum Klo.

Erinnerungen! Der Aufbau mit meinen Eltern zusammen brachte viele gute Erlebnisse. Es war eine gute Zeit. Auch mit den Nachbarn, sogar mit meiner Tante und Familie haben wir uns versöhnt.

Wenn das Haus erzählen könnte: von dem Ochsenkranz, der in die Tür gehängt wurde. Dies ist altes ostfriesisches Brauchtum. Wenn ein Brautpaar die ersten fünf Jahre kinderlos bleibt, dann wird von Nachbarn ein Kranz in die Tür gehängt. Mit ausgepusteten Eiern und trockenen Pflaumen. Es war nicht böse gemeint. Sie haben uns vorher gefragt. Ein Jahr danach wurde unsere Tochter geboren, zweieinhalb Jahre später unser Sohn. Als ich 1989 schwanger war, haben wir am Gulfhof den neuen Boxenlaufstall gebaut. Es war eine gute Zeit. Es ging voran. Alle schafften miteinander.

Wenn das Haus erzählen könnte: von den vielen Krankheiten. Meine Mutter erkrankte an Brustkrebs. Sie konnte nicht mehr mithelfen. Meine Oma bekam ihren ersten großen Schlaganfall. Zwei starke Frauen der Familie fielen für die Arbeit auf dem Hof aus. Meine Kinder waren klein, ich hatte noch die landwirtschaftliche Arbeit und Omas Pflege rund um die Uhr. Ich erkrankte an blühender Schuppenflechte. Meine Haut zeigte, dass ich nicht mehr konnte. Kein Hautarzt, keine Bäder, kein Cortison, keine Bestrahlungen konnten mir helfen. Bis meine Freundin mir die Anschrift von einer lieben Frau gegeben hat, die mein vegetatives Nervensystem ins Gleichgewicht brachte. Durch Annehmen der Situation und Abgabe der Pflege für einige Stunden an die Diakonie konnte ich raus zu den Tieren und wurde langsam wieder gesund. Meine Mama verstarb 1997 an den Folgen des Brustkrebses. Als ich Oma die Nachricht an ihr Bett brachte, sagte sie: „Nun ist auch der zweite Hoferbe tot." Sie starb zwei Jahre nach meiner Mama.

Wenn das Haus erzählen könnte: von den Zeiten der Trauer. Für Trauerarbeit hatte ich keine Zeit. Ich musste funktionieren für den Haushalt meines Vaters und für meine Arbeit auf dem Gulfhof. Die Arbeit wurde erschwert durch die BSE-Krise. Wir erzeugten Bio-Rindfleisch und konnten trotzdem 23 Rinder nicht verkaufen. Die Pacht der Zupachtländereien und die angeschafften großen Landmaschinen waren nicht mehr zu bezahlen. Es wurde eng, immer enger, bis die Bank uns kein Geld mehr gab. Die große wirtschaftliche Not, das Fehlen einer Zukunftsperspektive stürzten uns in eine Ehekrise. Wir konnten uns nicht mehr verständigen. Ich war verzweifelt.

Wenn das Haus erzählen könnte: von den vielen Tränen. Es fielen viele harte Worte der Trennung, es gab getrennte Schlafzimmer. Kurze Zeit schlief mein Mann auswärts, es ging nicht mehr. Kein liebes Wort, keine Umarmung war mehr möglich, kein Verstehen, ich hatte große Angst. Es folgten Gespräche mit Auktionären und Rechtsanwälten. Mein Mann zog in seine Geburtsstadt zu seiner Mutter ins Rheinland, weit weg. Wir hatten Schulden, einen großen Schuldenberg: Laufstall, Pacht, Maschinen. Der Hof stand zum Verkauf!

Wenn das Haus erzählen könnte: von den fremden Menschen, die vom Auktionator durchs Haus geführt wurden, vom Keller bis zum Dachboden, durch Scheune und Laufstall. Treppauf und treppab gingen sie voller Neugierde! Ich saß jedes Mal hinter der Küchentür und habe bitterlich geweint. Sicher hat das Haus auch geweint.

Meine Kinder und ich hatten uns schon kleine Wohnungen im Nachbarort angeschaut. Der Hals schnürte sich zusammen. Eines Abends rief mich mein Vater an. Das Land hinter dem Laufstall könne er an die Gemeinde verkaufen. „Heißt das, wir können hier wohnen bleiben?", fragte ich ihn. „Ja", antwortete er. „Danke!", mehr konnte ich nicht über meine Lippen bringen. Ich habe viel geweint. Oft bin ich dazu mit unserem Hofhund in den Wald gegangen, dort hörte mich keiner.

Wenn das Haus erzählen könnte: von dem Gerede der Leute, der Nachbarn, der sogenannten Freunde. Manchmal habe ich mir gewünscht, Witwe zu sein und nicht geschieden. Ich habe eine Handvoll guter Freunde und meine beiden Cousinen, die mir und meinen Kindern Halt gaben.

Wenn das Haus erzählen könnte: von meinen Kindern, die in diesem Haus aufwachsen durften, erwachsen geworden sind. Vor drei Tagen ist mein Sohn 18 geworden. Den Geburtstag haben wir hier auf dem Hof zusammen mit seinem Vater gefeiert. Auch den Töchtern seiner Schwestern steht das Haus offen, ich bin für sie Tante Gesa. Dies ist ein schönes Gefühl. Wir sind eine Familie!

Ich habe eine kleine Beschäftigung in meinem Beruf im Ort gefunden, sodass ich zu jeder Zeit zu meinen Kindern konnte. Seit der Scheidung bin ich wieder als Arzthelferin unterwegs und pflege meine älteren Patienten in dem Ort, in dem ich geboren bin. Es fühlt sich gut an.

Ich habe Frieden geschlossen mit mir selbst. Zu meinem Vater habe ich ein herzliches Verhältnis. Ehrlich, offen, wir fragen uns gegenseitig: „Wie geht es dir?" Er hat eine liebe Witwe in seinem Alter mit drei Kindern kennengelernt. Sie wohnt jetzt bei ihm. Er ist nicht allein.

Wenn das Haus erzählen könnte: von seinem 100. Geburtstag im Jahr 2008. Die Nachbarn haben sogar einen Kranz mit einer 100 drauf in den Garten gestellt. Alle, die in diesem Haus geboren wurden und gelebt haben, sind zum Feiern gekommen. Von meinem Urgroßvater, den ich ja noch kennenlernen durfte, leben noch zwei Töchter. Auch sie waren mit ihrer Familie dabei. Alle Enkel und Urenkel meiner Oma, der Sohn meines Onkels, den wir alle lange nicht gesehen hatten, die Landnachbarn, Menschen, die sich mit dem Haus verbunden fühlen. Jeder Raum füllte sich mit Leben vom Keller bis zum Dachboden, im Garten. Das alte Haus strahlte und viele Geschichten lebten wieder auf. Aus der Sicht der „Alten" erzählt. Ich möchte in dem Haus alt werden. Vielleicht bekomme ich ja auch Besuch von meinen Enkelkindern. Noch wohnen beide Kinder bei mir. Wer weiß, was die Zukunft bringt?

Mein Vater hat den Boxenlaufstall an den Nachbarbauern verpachtet. Auf dem verkauften Land dahinter werden viele Wohnhäuser gebaut. Mein Hofhund wird dieses Jahr elf Jahre alt. Früher ging er für mich die Kühe von der Weide holen. Jetzt läuft er neben mir, geht spazieren auf neuen Straßen mit so vielen neuen Nachbarn. Damit hat er sicher auch nicht gerechnet. Doch mein Hund ist sicher froh, dass ich nicht mehr mit ihm in den Wald gehe, um zu weinen. Ich habe keine Tränen mehr.

Ich habe Frieden geschlossen. Wenn das Haus erzählen könnte!

Heidi, Dorfhelferin in Niedersachsen

Hauptsache, du kannst arbeiten!

Mit Wehmut und Erleichterung zu gleichen Teilen blicke ich zurück. 20 Jahre meines Lebens habe ich auf dem Hof gelebt, auf den ich 1984 eingeheiratet habe. Wenn ich meinen Sohn besuche, der als gelernter Landwirt erfreulicherweise zusammen mit seinem Vater den Hof bewirtschaftet, überkommt mich ein beklemmend wehmütiges Gefühl.

Es ist emotional für mich sehr schwer auszuhalten, auf dem Hof zu sein und wieder zu sehen, was mir einmal so viel bedeutet hat: den geliebten großen Garten, den ich Mitte der 90er Jahre neu angelegt habe und wo sich alles so prächtig entwickelt hat; die große Küche, in der ich mich so wohl gefühlt habe; den Milchviehbetrieb mit seinem typischen Geruch und den Geräuschen, die vom Stall herüberschallen; die Katzen, die um die Ecke kommen, und den neuen jungen Hund, der mich anspringt. Darum vermeide ich es, wenn es geht, dorthin zu fahren. Ich treffe mich mit den Kindern an anderen Orten, um mit ihnen zusammen zu sein. Natürlich besuchen sie mich auch übers Jahr in Bad Essen, wo ich jetzt lebe, und zwischendurch halten wir telefonischen Kontakt.

Vom Hof zu gehen, nie im Leben hätte ich es für möglich gehalten, dass ich das eines Tages tun würde. Ich habe doch alles getan, was von mir verlangt wurde. Oftmals bis an meine Grenzen und darüber hinaus. Als brave Ehefrau und Bäuerin arbeitete ich gern an der Seite meines Ehemannes bei allen anfallenden Arbeiten auf dem Hof. Tat, was Schwiegermutter wollte, und schluckte ihre verbalen Seitenhiebe. Hielt Haus, Hof und Garten in Ordnung und versorgte mit großer Freude meine Familie. Nur, liebevolle Zuwendung, Anerkennung oder freundliche Worte, danach sehnte ich mich all die Jahre so sehr – aber vergeblich.

Hätte ich von Anfang an das Selbstvertrauen gehabt, das ich Gott sei Dank heute habe, wäre vieles vielleicht ganz anders gekommen und ich wäre möglicherweise noch auf dem Hof.

Ich erinnere mich gerne an meine Kindheit. An eine schöne, unbeschwerte Kindheit in einer Großfamilie mit vier Geschwistern, dem Großvater, einer Großtante und einem Onkel. Meine Eltern bewirtschafteten einen kleinen Hof im Landkreis Ammerland. In den 60er Jahren hatten wir zwei Kühe, Schweine, Federvieh, einen Hund namens Lassie und einige Katzen. In den 70ern spezialisierten sich meine Eltern auf Zuchtsauen.

Schön waren das Miteinander und die Geborgenheit einer intakten, bäuerlichen Nachbarschaft mit vielen Kindern zum Spielen. Das Barfußlaufen auf Sandwegen. Das Einkaufen beim Kaufmann „Bäcker Herrmann", wohin wir Kinder mit dem Fahrrad geschickt wurden, um das leckere frische Graubrot zu kaufen, welches wir auf den Gepäckträger klemmten und auf das wir uns zum Vesper so freuten, weil es so gut roch.

Von der Landwirtschaft allein konnten wir nicht leben, deshalb fuhr mein Vater in der Woche nach Meppen, um Torf zu baggern. Er kam nur an den Wochenenden heim und machte dann die Feldarbeiten. Unsere Mutter war eine fleißige Bäuerin. Sie führte zusammen mit dem Großvater die Landwirtschaft, während sich die Großtante um uns Kinder kümmerte. Damals war die autoritäre Erziehung etwas völlig Normales, auch bei den Nachbarn. Heute weiß ich, dass die Lebensvorstellungen und Erziehungsmethoden meiner Eltern nicht sehr förderlich für ein gesundes Selbstvertrauen waren.

Selbstverständlich mussten wir Kinder mithelfen, wo es ging, ob im Haus, Stall, Garten oder Feld. So lernten wir die Tages-, Wochen- und Jahresabläufe mit Säen und Pflanzen, Wachsen und Werden, Reifen und Ernten, Geburt und Tod bzw. Schlachten sowie Verantwortung zu übernehmen noch vor der Einschulung kennen.

Wir begleiteten unsere Mutter gern, wenn sie mit dem Fahrrad zum Melken auf die Weide im „Moorkamp" fuhr. Beim Melken mit der Hand erklärte sie uns ganz nebenbei die Natur. Ich lernte schon früh die Namen von Kräutern und Gräsern, von Sträuchern und Bäumen und die der Vögel und Insekten. Langweilig war es nie. Hinter unserer Schweineweide grenzte ein kleiner Wald, „Eilers Busch" genannt. Dort hielt ich mich gern auf. Ich liebte diesen Wald. Ich kannte fast jedes Mauseloch und fast jedes Vogelnest. Ich übte, lautlos zu pirschen, einfach so. Eine Freundin hatte ich nicht, aber einen Freund, den Markus, einen Nachbarsjungen. Da es in meinem Dorf kein Mädchen meines Schuljahrganges gab, machten Markus und ich gemeinsam die Hausaufgaben und waren auch sonst unzertrennlich. Als ich im Sommer 1973 aus den mehrwöchigen Ferien bei einer Tante zurückkam, war Markus nicht mehr da. Die Familie war ins Nachbardorf gezogen. Ich habe es nicht verstanden. Keiner hat mich darauf vorbereitet. Ich habe ihn so sehr vermisst.

Später fand ich Freude am Umgang mit den Ponys einer befreundeten Familie meiner Eltern. Eines Tages kaufte unser Vater einen Haflingermischling für uns Kinder. In meinen Augen war es mein Pony. Bei ihm fand ich Trost und Geborgenheit, wenn ich traurig war.

Mit 17 Jahren wurde ich schwanger. Ich war so wütend auf mich selbst, dass mir das passieren musste! Ausgerechnet jetzt, als ich endlich eine Ausbildungsstelle zur Ländlichen Hauswirtschafterin gefunden hatte, die ich im Anschluss an die Fachschule beginnen wollte. Ich mochte es niemandem sagen, musste das erst mal selber begreifen. Ich beendete die Beziehung zu meinem damaligen Freund, sagte ihm aber nichts von der Schwangerschaft.

Irgendwann habe ich es dann doch meinen Eltern sagen müssen. Oh, da war was los! Abtreiben sei das einzig Vernünftige! „Kind, du verbaust dir damit deine Zukunft!" Ich hatte durch alle medizinischen Instanzen zu gehen. Die Schwangerschaft war mittlerweile in der zwölften Woche und eine Abtreibung war schon ein Risiko. Der Termin der Abtreibung stand fest. Meine Eltern hatten es so beschlossen. Als mein Vater mich morgens in die entsprechende Klinik fahren wollte, konnte ich aber nicht mitfahren. Ich konnte nicht abtreiben. Ich liebte das kleine Wesen unter meinem Herzen doch schon so sehr. Außerdem hatte ich Angst vor Komplikationen. Meine Eltern tobten. Vater brachte mich zur Schule und ich saß den Unterricht ab, als sei nichts gewesen. Zum ersten Mal hatte ich eine wichtige Entscheidung in meinem Leben getroffen. Und habe es bis heute nicht bereut.

Dem Sekretariat der Hauswirtschaftsschule musste ich die Schwangerschaft mitteilen. Es sprach sich schnell herum. Meine Lehrer konnten es nicht fassen, dass ihre hoffnungsvolle Schülerin sich „ein Kind andrehen lässt". Eine Lehrerin sagte: „Oh, Heidi, warum gerade du? Aus dir hätte richtig was werden können!"

Im Mai, am letzten Prüfungstag nach der Klausur in der Hauswirtschaftsschule, setzten die Wehen ein. Viel zu früh, ich war erst im siebten Monat. Am nächsten Tag brachte ich einen kleinen Jungen zur Welt. Ich nannte ihn Markus. Meine Eltern waren plötzlich wie verwandelt. Sie freuten sich sehr über ihren ersten Enkel und waren ganz vernarrt in ihn.

Die Zeugnisübergabe fand in der Hauswirtschaftsschule im kleinen feierlichen Rahmen statt. Ich freute mich sehr über den erweiterten Sekundarabschluss. Ich war Jahrgangsbeste. In der Laudatio wurde aufrichtige Anerkennung ausgesprochen über meine schulische Leistung, die ich trotz der Schwierigkeiten durch meine Schwangerschaft erreicht hatte. Ich solle nie aufhören, an mich zu glauben, meinen Weg gehen und mich fortbilden und lernen, wo immer es ginge.

Zu Hause brachte ich mich ein, wo es mir möglich war. Ich versorgte Haushalt und Garten, bereitete die Mahlzeiten zu und hielt meiner Mutter den Rücken frei. So konnte ich sie etwas entlasten bei der Pflege und Versorgung ihrer an Alzheimer erkrankten Tante, die Mutter zu uns ins Haus geholt hatte, weil sie sich verpflichtet gefühlt hatte zu helfen. Meine jüngste Schwester war zu der Zeit gerade mal zehn Jahre alt. Für sie hatten meine Eltern nie richtig Zeit und irgendwie ging meine kleine Schwester bei all dem Trubel unter.

Mutter drängte mich zunehmend, mir einen Mann zu suchen und zu heiraten. Auf ihren Wunsch hin musste ich mit erst 18 Jahren im Bauernblatt eine Heiratsanzeige aufgeben und mich dann mit einigen Bewerbern treffen. Es war leider keiner dabei, der mir gefiel. Mutter meinte, dann müsste ich „in Stellung gehen", um Geld zu verdienen, wie sie es damals hatte tun müssen. Ich hatte zu dem Zeitpunkt keine Alternative und Mutters Wunsch war Gesetz. Jegliche Auflehnung dagegen endete schnell mit dem Ausrutschen ihrer Hand. Meine Geschwister bekamen das ganze Theater natürlich mit.

Also schaltete ich eine entsprechende Anzeige im Bauernblatt und fand eine Anstellung als Haushälterin auf einem Junggesellen-Milchviehbetrieb oben am Weserdeich. Aber ohne mein Kind hielt ich es dort nur eine Woche aus und kehrte zurück. Daraufhin startete ich einen zweiten Anlauf in einem Unternehmerhaushalt, sehr ländlich gelegen in der Wesermarsch. Auch ohne mein Kind, denn das wollte Mutter gerne bei sich behalten. Die Familie war sehr nett, es gab Pferde dort im Stall und sonntags durfte ich nach Hause und mein Kind sehen. Es war Oktober, kalt, regnerisch und sehr windig, und ich war viel allein. Ich vermisste meinen kleinen Markus so sehr, dass ich nach vier Wochen wieder heimkam.

In meiner Verzweiflung suchte ich wieder den Kontakt zu meinem ehemaligen Freund, dem Kindsvater. Er freute sich darüber und wir wollten vorsichtig versuchen, eine Familie zu werden. Es war eine Vernunftbeziehung. Ich zog mit Markus zu ihm in seine Wohnung, 12 km von meinem Elternhaus entfernt. Seine Mutter war sehr verständnisvoll und half gern, wenn ich ihre Hilfe brauchte. Sie war und ist heute noch eine mütterliche Freundin für mich, ganz egal, was in all den Jahren noch passieren sollte. Für meine Mutter war es nicht leicht, plötzlich ohne Markus zu sein. Ich habe meine Eltern natürlich oft besucht. Mein Freund fuhr zur See, hatte aber Heimaturlaub, als wir zusammenzogen.

Doch dann musste er wieder für viele Wochen fort. Meine Nachbarin hatte zwei kleine Kinder und erklärte sich bereit, auf Markus aufzupassen, damit ich arbeiten gehen konnte. Ich war in einem Restaurant als Küchenhilfe in den Abendstunden angestellt. Die ganze Situation hat mich überfordert. Ich war viel zu jung und unerfahren mit dem kleinen Sohn. Ich wollte alles richtig machen, machte aber vieles falsch. Mein Freund kam über Weihnachten von der See zurück. Wir stritten uns immer häufiger. Wir kannten uns viel zu wenig. Der krampfhafte Versuch, eine Familie zu sein, scheiterte.

Anfang 1983 kehrte ich zurück ins Elternhaus. Ich musste fortan im Wohnzimmer auf dem Sofa schlafen, weil meine kleine Schwester mein Zimmer bezogen hatte. Markus schlief bei meinen Eltern im Schlafzimmer. Ich fand eine Anstellung in Vollzeit in der örtlichen Entenschlachterei am Fließband und verdiente endlich mein erstes eigenes Geld. Mutter drängte mich wieder, mir einen Bauern zu suchen, damit ich „gut versorgt sei". Beim Osterfeuer der örtlichen Vereine traf ich Anne wieder, eine junge Landwirtsfrau aus dem Nachbardorf, die ich mit ihrer kleinen Tochter beim Kinderarzt kennengelernt hatte. Anne nahm mich gleich mit zu ihrer Clique und es war ein sehr schönes Miteinander. Dazu gehörte auch Hans, den ich flüchtig schon einmal vor drei Jahren als Kollegen in einer nahe gelegenen Hühnerfarm kennengelernt hatte. Meine jüngere Schwester und ich verdienten uns dort am Wochenende ein Taschengeld beim Eiersortieren. „Hans sieht ja noch viel besser aus als damals beim Arbeiten auf der Hühnerfarm", ging mir durch den Kopf. Ich verliebte mich und irgendwann kamen wir uns näher. Ich konnte es nicht glauben. Endlich fand ich den Mann, den ich gern mochte und der auch noch Landwirt war! Wir waren ineinander verliebt. Es wurde ein wundervoller Sommer 1983. Ich denke noch gern daran zurück. Und das Allerbeste war, dass meine Mutter außerordentlich zufrieden war mit meiner Wahl.

Hans bewirtschaftete zusammen mit seinen Eltern einen Milchviehbetrieb nur 4 km entfernt. Im Herbst 1983 zogen wir zusammen. Hans hatte in der oberen Etage ein Wohnzimmer, ein Schlafzimmer, ein Bad und ein Kinderzimmer. Alles war sehr klein, aber gemütlich. Gekocht und gegessen wurde selbstverständlich in der Küche seiner Mutter. Markus war noch viel bei meinen Eltern, damit Hans und ich füreinander Zeit hätten und er sich langsam umgewöhnen könnte. Nach wie vor arbeitete ich in der Schlachterei. Ich war glücklich mit Hans. Ich half beim Melken im Melkstand und war gern an seiner Seite. Im Gegensatz zu mir hatte Hans ein sehr ruhiges Wesen und war kein Freund vieler Worte. Seine Eltern waren sehr freundlich zu mir. Schwiegervater hatte allerdings seine ureigenen Probleme mit der „heutigen Jugend". Eine wilde Ehe unter seinem Dach duldete er nicht. Wir hatten bitteschön zu heiraten, wenn wir schon zusammen sein wollten! Hans gab keine Widerworte, was mich doch wunderte. Wir wollten doch erst mal zusammenleben und uns besser kennenlernen, so hatten wir es vereinbart. Na gut, dachte ich, dann wird eben geheiratet. Hans sagte nichts dagegen. Meine Mutter wird erfreut sein, dachte ich und sah alles durch die rosarote Brille einer verliebten jungen Frau. Wie freute ich mich, an Hans' Seite als junge Bäuerin auf dem Hof zu leben und zu arbeiten.

Die Hochzeit wurde geplant für den Februar 1984. Die Einladungskarten, die wir drucken ließen, gefielen meinen zukünftigen Schwiegereltern nicht. Also wurden in ihrem Sinne neue gedruckt. Im Saal war für 120 Gäste Platz. Nicht nur die Nachbarn, nein, alle Dorfleute wurden eingeladen, so war es dort Brauch. Hans hatte eine große Verwandtschaft, alle mussten eingeladen werden. Zum Glück hatte ich nicht so viele Verwandte und mit meiner Familie und ihren Nachbarn war der Saal voll. Platz für ein paar Freundinnen von mir blieb leider nicht mehr. Da konnte ich nichts machen.

Leider hatte ich nicht genug Geld, um mir ein schönes neues Hochzeitskleid zu kaufen. Von Verwandten bekam ich ein zweimal getragenes Hochzeitskleid für 15 Mark, welches aber gut passte. Trotz alledem war ich am Hochzeitstag eine glückliche Braut. Die Nachbarn des Hofes hatten großartige Arbeit geleistet mit dem Kränzen und dem Helfen, wo es nötig war. Es wurde ein schönes Hochzeitsfest.

Ich war schon seit einigen Wochen in der zweiten Schwangerschaft und arbeitete weiterhin in der Schlachterei. Durch die schwere Arbeit setzten im sechsten Monat die Wehen ein und ich musste die restlichen drei Monate im Krankenhaus liegen. Markus war während dieser Zeit wieder viel bei meinen Eltern, weil sie vertraut mit ihm waren. Die Zeit im Krankenhaus empfand ich nicht so schlimm wie das Wohnen und Leben im Hause der Schwiegereltern. Bei Tisch wurde nicht gesprochen. Allerhöchstens über unmittelbar bevorstehende Arbeiten. So was kannte ich nicht. Ich komme aus einer sehr kommunikativen Familie und es wurde gern über alles gesprochen, was interessant war.

Meine Schwiegermutter hatte ihren Platz am Tisch zwischen ihrem Sohn und mir. Er hat von selber nie gesprochen. Anfangs habe ich das mit meiner Unbekümmertheit gar nicht so gemerkt. Das Wort führte meine Schwiegermutter, so, wie sie auch das Sagen auf dem Hof hatte. Die Küche war recht altmodisch eingerichtet, hat ihren Zweck auch erfüllt, aber in der Schulküche der Hauswirtschaftsschule hat mir das Kochen wesentlich mehr Spaß gemacht.

Meine Schwiegereltern taten sich schwer mit Veränderungen ihres gewohnten Speiseplanes. Meistens kochte sowieso Schwiegermutter. Besonders schlimm fand ich, wenn sie meinen Mann vor meinen Speisen „bewahren" wollte. Sie sagte dann zu ihm: „Das brauchst du nicht zu essen, ich hole für dich schnell ein Glas Gurken aus dem Keller." Und der brave Sohn aß natürlich die Gurken, ohne auch nur eine Gabel von meinem lecker angerichteten Salat

zu probieren. Das einzige Telefon hing an der Wand in der Fernsehstube der Schwiegereltern. Selbst meine Eltern hatten schon ein
Transportables. Ich musste schon sehr genau überlegen, wann und
wie ich telefonierte.

Drei Wochen vor dem errechneten Termin kam unsere Tochter auf
die Welt. Ich war glücklich, dass bis dahin alles gut gegangen war.
Wir waren jetzt eine Familie mit zwei Kindern. Leider war das alte
Bauernhaus nicht ausreichend isoliert. Im Winterhalbjahr war es
oft furchtbar kalt im Haus. Im Treppenhaus und auf dem Flur gab
es keine Heizung, im Badezimmer nur einen kleinen Wärmelüfter.
Ich habe viel gefroren und die Kinder und ich waren oft krank. Wir
schliefen alle vier in unserem Schlafzimmer, weil das Kinderzimmer zu zugig war. Sämtliche Wäsche meiner Familie trocknete ich
auf einem Wäscheständer in unserem kleinen Wohnzimmer. Ich
wusch noch richtige Stoffwindeln ... meine Mutter bestand darauf.
Ich sehnte immer das Frühjahr herbei, damit die Wäsche wieder
draußen trocknen konnte.

Mein Mann sprach nicht viel und interessierte sich auch nicht besonders für die Kinder. Gespräche darüber endeten jedes Mal damit,
dass er schweigend in den Stall flüchtete. Mutter sagte einmal: „Sei
froh, dass du so einen lieben Mann hast." Als unser drittes Kind unterwegs war, hatte ich viel Appetit auf Pizza. Und so schob ich einmal abends nach dem Abendbrot eine Tiefkühlpizza in Schwiegermutters Backofen. Sie kam natürlich sofort aus ihrer Fernsehstube
und stellte fest: „Wegen so einem Ding den ganzen Backofen auf-
heizen, das hält der Hof nicht lange aus." Ich habe mir keine einzige Pizza mehr zubereitet. Nach der Geburt des Hoferben 1986 gab
es damals Babygeld. Davon kaufte ich mir einen Wäschetrockner,
den ich in mein Badezimmer stellte. Schwiegermutters Bemerkung
dazu war: „Mit diesem Ding da wird der Hof bald pleite sein. Weißt
du überhaupt, wie viel Strom uns das kostet?"

Ich fand es sehr schade und frustrierend, dass ich niemals Rü-
ckendeckung durch meinen Mann bekam. Leider hatte ich auch

keine Freundin oder Verwandte, bei der ich mich aussprechen konnte. Als es einmal ganz schwer war für mich, suchte ich Trost und Rat bei meiner Mutter. Was ich zu hören bekam, war: „Ich weiß gar nicht, was du willst, Heidi. Dein Mann raucht nicht, er trinkt nicht und er schlägt dich nicht. Und er ist fleißig und hat Eltern, die alles für euch tun. Ich will nichts mehr hören. Du bist verheiratet und musst sehen, wie du zurechtkommst." Ich war so unglücklich und allein mit meinen Gedanken.

Mein sehnlichster Wunsch war eine eigene Küche, in der ich mit Mann und Kindern allein sein konnte. Ich begann, den fensterlosen, 6 qm großen Flur vor dem Badezimmer in eine Küche zu verwandeln. Ich besorgte mithilfe meines Schwagers einen praktischen Küchenschrank, einen Kühlschrank, Herd und Spüle, Tisch und Stühle. Als Elektriker legte er die Leitungen, Wasseranschluss bzw. -abfluss und die Beleuchtung. Eine Tür und eine elektrische Heizung vervollständigten mein Paradies. Ich war glücklich.

Meinem Mann war das nicht ganz geheuer. Jeden Tag bis kurz vor zwölf Uhr saß er brav unten bei den Eltern in der Küche und las die Zeitung. Dann gesellte er sich zu Frau und Kindern und nahm das Mittagessen ein. Aber mit der Zeit gefiel es ihm immer besser, mit uns zu sein. Sonntags machten wir gern mit den Kindern Verwandtenbesuche. Und sie besuchten uns wiederum gern. Ich empfand diese Zeit als sehr kostbar. Da hatte auch mein Mann mal Zeit für die Familie. Und sonntägliche Ausflüge in die Umgebung unternahmen wir sehr gern.

Leider verstarb mein Schwiegervater 1987 viel zu früh. Mein Vorschlag, den Notarzt zu rufen, wurde abgetan mit der Begründung, ihm gehe es anderntags bestimmt wieder besser. Es war ein Herzinfarkt. Er hätte es überleben können. Es folgte eine arbeitsmäßig schwere Zeit. Mein Schwiegervater hatte kurz vor seinem Tode die Milchviehherde auf das Doppelte aufgestockt und einen Hof mit Grünland in 15 km Entfernung gepachtet. Der Boxenlaufstall war nun voll belegt. Schwiegermutter behauptete ihren Platz an der

Seite meines Mannes, besonders auf dem Trecker. Sie saß am liebsten hinter ihm dort oben. So war sie immer in seiner Nähe. Ich weiß, dass das von den Dorfleuten peinlich belächelt wurde.

1988 wurde das Haus ausgebaut. Eine mir heute noch nahestehende Beraterin der Landwirtschaftskammer plante für uns u.a. eine eigene neue Küche auf der ehemaligen Deele. In dieser Küche habe ich mich bis zuletzt sehr, sehr wohl gefühlt. Für Schwiegermutter wurde eine kleine Einliegerwohnung eingerichtet. Verziehen hat sie uns das nie. Und damit sie bloß niemals auf mich angewiesen sein musste, hat sie dann noch ihren Führerschein gemacht. Sie hatte stets herzliche Kontakte zu Verwandten, die sie nach wie vor pflegt.

Sooft es ging, besuchte ich die angebotenen Lehrgänge der Landwirtschaftskammer für interessierte Landfrauen. Ob hauswirtschaftliche Themen, Gartenbau oder Betriebswirtschaft, ich war gern dabei und sog alles in mich ein. Und so war ich wenigstens an diesen Tagen weg vom Hof. Wenn ich schon keine Ausbildung machen konnte, dann wollte ich damit auf dem Laufenden sein. Schwiegermutter meinte dazu: „Als Bauersfrau brauchst du nichts wissen und nichts lernen. Hauptsache, du kannst arbeiten." Und wieder habe ich nichts dazu gesagt. Aber ich ließ es mir nicht ausreden. Es tat mir gut, mit den anderen Frauen zu lernen.

Mittlerweile hatte ich neben dem Melken an der Seite meines Mannes die Kälberaufzucht übernommen, was mir sehr viel Freude machte. Meine Kälber waren mein ganzer Stolz und auch der Viehhändler verhandelte gern mit mir, weil ich schon konkrete Vorstellungen über die Preise hatte.

Obwohl Schwiegermutter es tunlichst vermied, normal mit mir zu sprechen, waren die folgenden Jahre doch eine schöne Zeit. 1992 kam das vierte Kind, ein Sohn, zur Welt. Für mich war es ein Wunschkind. Unsere Kinder machten uns viel Freude. Sie wuchsen heran, spielten gern mit den Nachbarskindern. Kindergarten, Schule, Großeltern und Verwandtschaft, Freunde und Hobbys, Mithilfe in Haus, Garten und Stall ... Bei uns war immer was los. Zwei Hunde, ein Bernhardiner und ein kleiner Mischlingshund, Katzen, zwei Zwergziegen, Kaninchen, Meerschweinchen und Ponys zählten im Laufe der Zeit zum Hof. Schulklassen und Kindergartengruppen besuchten gern unseren Bauernhof. Mein Mann fand auch seine Freude daran, zu erklären und zu erzählen. Ich liebte das alles so sehr.

Das fortwährend abweisende Verhalten meiner Schwiegermutter fraß an meiner Seele. Meinem Mann brauchte ich das nicht zu sagen. Auf dem Ohr war er taub und außerdem war er der Lieblingsschwiegersohn meiner Mutter. Ich zweifelte schon lange an mir selbst. Ich beneidete andere Frauen, wenn deren Männer mit ihnen sprachen, redeten ... einfach mit ihren Frauen redeten. Ich hatte viele Jahre keinen Namen. Das fiel mir erst auf, als meine Tochter mich fragte: „Mama, hast du auch einen Namen? Und wie heißt du denn?" Ich hatte viele Namen: Du, Einer, Jemand, Niemand und Keiner. Mein Mann vermied es, mich bei meinem Namen zu nennen. Von da an reagierte ich nicht mehr auf Einer, Jemand, Niemand und Keiner. Er tat sich weiterhin ziemlich schwer damit, meinen Namen überhaupt auszusprechen.

Mit helfender Unterstützung meiner Tochter züchtete ich nebenbei gescheckte Großponys, Pintos, mit erst einer und später zwei Zuchtstuten. Meine Tochter konnte mittlerweile reiten wie ein Husar und wir hatten viel Freude an erfolgreichen Bewertungen unserer Fohlen auf Zuchtschauen. Anstatt sich mit uns zu freuen, konnte Schwiegermutter es sich nicht verkneifen zu sagen, ich würde den Hof schon unter den Hammer bekommen. Dabei bin ich an den Schautagen besonders früh aufgestanden, um die Stallarbeit und die Kälber zu versorgen. Und wenn wir stolz mit den Pokalen nach Hause kamen, wurde nicht einmal gratuliert. Weder von meinem Mann noch von seiner Mutter. Sie sah nur auf die Uhr und bemerkte, dass die Melkmaschine schon seit einer halben Stunde laufen würde. Es reichte nie. Nie war ich gut genug. Für niemanden. Konnte noch so fleißig sein. Niemals bekam ich ein gutes Wort von den

Leuten, die mich umgaben. Ich wurde depressiv. Hatte keine Lust mehr. Wofür auch? Als ich ihr einmal verzweifelt gedroht hatte fortzugehen, sagte sie, ich könne ja gern gehen, aber die Kinder blieben da. Dafür würde sie schon sorgen. Mir war alles egal. Andere wussten ja immer alles besser. Ich fühlte mich von allen Leuten angegriffen. Traute irgendwann niemanden mehr. Meine geliebten Kinder waren alles, was mir noch lieb war. Für mich stand fest, wenn die Kinder groß sind, werde ich fortgehen vom Hof. Ich hasste meine Schwiegermutter und meinen Mann und meine Nerven lagen mehr als einmal blank. Mein Mann ging mit Desinteresse darüber hinweg. Bis ich einen heftigen Zusammenbruch hatte und in die Klinik kam. Das war 1999. Ich wollte nicht wieder auf den Hof zurück. Deshalb bin ich auf eigenen Wunsch direkt in eine private Klinik für psychisch kranke Menschen gegangen, weit weg von zu Hause. Mir war es egal, wie sie auf dem Hof ohne mich zurechtkamen. Sechs Wochen konnte ich mich dort erholen, hatte Ruhe und endlich einmal Zeit für mich. Der Aufenthalt hat mir gut getan. Und zu meiner großen Freude bekam ich Besuch von zwei ganz lieben Frauen aus einem Nachbardorf. Sie hatten sich auf den weiten Weg gemacht, nur um mich zu besuchen. Noch heute denke ich gern daran zurück und halte lockeren Kontakt zu ihnen.

Die Ärzte nahmen meinen Mann ins Gebet. Sie machten ihm klar, dass er ab sofort Position zu beziehen habe. Entweder ein Leben mit seiner Mutter oder ein Leben mit seiner Frau. Wenn er sich für die Mutter entscheidet, dann würde man mir helfen, ein neues Leben mit den Kindern zu beginnen. Endlich hatte ich wieder Hoffnung. Es dauerte ein paar Tage, bis er sich entschieden hatte. War ja auch eine schwere Entscheidung. Mein Mann buchte eine Reise und wir machten ein paar Tage Ferien. Zu Hause war alles organisiert. Wir beide allein ohne Druck und ohne Zwang. Es war eine schöne Zeit.

Schwiegermutter musste ausziehen, das war ihm klar geworden. So konnte es nicht weitergehen. Er sprach mit ihr unter vier Augen.

Ich ging ihr aus dem Weg. Sie fand nach einiger Zeit eine Wohnung bei Verwandten, mit denen sie auch sonst immer gern zusammen war. „Heidi hat ihre Schwiegermutter aus dem Haus gejagt!" Sie selbst hat dafür gesorgt, dass die Leute das so geglaubt haben. Man traf sich ja weiterhin auf den Geburtstagen der Nachbarinnen. Es wurde kein gutes Haar mehr an mir gelassen. Es dauerte lange, bis ich wieder vertrauen konnte.

Mein Mann und ich versuchten einen Neuanfang mit dem Miteinander. Es war jetzt ein ganz anderes Gefühl, so frei und unbeschwert, ohne Druck und Kontrolle. Unser Familienleben hatte eine ganz andere Qualität bekommen. Das gemeinsame Arbeiten und Leben hat wieder Spaß gemacht. Ich dachte, ich träumte, weil der Spuk nun ein Ende hatte. 15 Jahre mussten dafür ins Land ziehen.

Nun mussten wir aber für den kompletten Lebensunterhalt von Schwiegermutter aufkommen. Das wurde natürlich im Beisein besserwisserischer Angehöriger notariell beschlossen. Ab sofort hatten wir eine stattliche Summe auf ihr Konto zu überweisen. Aber mein Mann und ich waren uns einig, ein frohes Arbeiten bringt das unterm Strich wieder ein. Aber da machte uns die BSE-Krise einen Strich durch die Rechnung. Die Erzeugerpreise sanken plötzlich auf ein Minimum. Der Milchpreis fiel in den Keller, Schlachtpreise stürzten ab, Bullenkälber kosteten kaum noch etwas. Das monatliche Altenteil wurde zunehmend zur Belastung. Da half auch kein noch so fleißiges Arbeiten im Stall mehr. Kurz vor der BSE-Krise meldete ich mich zum Vorbereitungskurs der Landwirtschaftskammer zur Ausbildung zur Hauswirtschafterin auf dem zweiten Bildungsweg an. Einmal in der Woche abends und manchmal am Wochenende trafen wir Landfrauen uns zur Schulung. Es hat sehr viel Spaß gemacht. Im Frühjahr 2002 absolvierte ich erfolgreich die Abschlussprüfung zur Hauswirtschafterin.

Bis dahin hatten wir auch die Einliegerwohnung als Ferienwohnung umgestaltet. Die Landesgartenschau stand vor der Tür und wir hofften auf gute Vermietung. Und es kamen übers Jahr viele Gäste.

Es war schön, endlich mal Menschen mit guter Laune um sich zu haben. Ich denke, auch mein liebevoll angelegter Garten hat etwas dazu beigetragen. Selbst über den Winter konnten wir die Wohnung längerfristig vermieten. Wer hätte das gedacht? Aus dem Dorf sprach uns keiner darauf an. Wer Erfolg hat, hat auch schnell Neider.

Die Stimmung meines Mannes kippte allmählich. Ich sei schuld daran, dass die wirtschaftliche Situation so miserabel war. Wenn ich mich mit seiner Mutter nur besser verstanden hätte, würde sie uns nicht so viel kosten und das Geld hätten wir sparen können. Es war immer wieder alles negativ. Um dem ewigen Genörgel aus dem Weg zu gehen, nahm ich an dem Lehrgang der Landwirtschaftskammer zur „Agrar-Büromanagerin" teil. Ich sah das als sehr sinnvollen Beitrag zur Bewältigung der betrieblichen Büroarbeit. Aber diese Schulung war nur vergeudete Zeit. Denn mein Mann stand wie sein Vater auf dem Standpunkt, dass Frauen in den Finanzen des Betriebes nichts zu suchen hätten. Nicht ein einziges Mal während der ganzen Jahre hat er mal mit mir zusammen in die betrieblichen Bücher geschaut. „Das machen die von der Buchstelle!" Aber unterschreiben musste ich selbstverständlich immer für den Wirtschafts-Jahresabschluss.

Ich merkte, dass ich so nicht weiterleben konnte. Bei einem Abendessen mit Bekannten wollte ich gern wissen, wie mein Mann überhaupt noch zu mir steht. Die Bekannte war instruiert und fragte ihn, was ich denn eigentlich auf dem Hof alles mache ... ich hätte ja wohl eine wichtige Position als Bäuerin. Seine Antwort war: „Was macht Heidi schon? Im Sommer ein bisschen Kühe melken und im Winter ein bisschen Kälber füttern." Unsere Bekannten waren sprachlos. Und mir war plötzlich klar, was ich zu tun hatte.

Es war die Zeit, als meine Tochter zu ihrem Freund ziehen wollte. Sie fragte mich: „Mama, wenn ich bald fort bin, mit wem wirst du dann noch lachen können?" Ich spürte, für mich ist es jetzt so weit. Im Mai 2003 bezog ich unsere Ferienwohnung. Ich brauch-

te wenigstens räumlichen Abstand. Meine Arbeiten machte ich
wie gewohnt weiter und versorgte die Familie. Ich jobbte sonntags als Servicekraft in einer Gaststätte. Mit einer Freundin ging
ich häufiger zum Tanzen. Ich wollte wieder leben. Eigenes Geld
verdienen. Meine Mutter, die leider seit einigen Jahren sehr krank
war und gepflegt werden musste, sollte von unserer Trennung
nichts mitbekommen. Sie durfte zu Hause sterben, im Kreise ihrer
Familie, wie sie es sich gewünscht hatte. Danach wollte ich ausziehen. Aber vorher musste ich für Markus eine Unterkunft finden. Mein Mann forderte, wenn ich ausziehe, müsse Markus auch
verschwinden. Glücklicherweise stellte mein Bruder ihm zwei
Zimmer in meinem Elternhaus zur Verfügung, wo er bis heute
noch wohnt. Im Oktober 2003 zog ich aus. Ich mietete mir eine
kleine 2,5-Zimmer-Wohnung, 10 km entfernt in einem größeren
Ort. Mein Mann half mir sogar beim Umzug. Er dachte wohl, dass
ich das nicht ernst meinte. Meine zwei jüngeren Söhne ließ ich
zurück. Ich wollte sie nicht aus ihrer gewohnten Umgebung reißen. Ich richtete mich gemütlich ein mit Gebrauchtmöbeln. Viel
eigenes Geld hatte ich nicht. Gefühlsmäßig war ich völlig zerrissen. Ich genoss die neue Freiheit in vollen Zügen, vermisste aber
die sichere Umgebung des Hofes und meine gewohnten Arbeiten.
Täglich schaute ich automatisch um 17 Uhr zur Melkzeit auf die
Armbanduhr, weil mein Mann mir leidtat, dass er nun alles allein
machen musste.

Mein schlechtes Gewissen wegen meiner beiden Söhne fraß
mich fast auf. Ich weinte fast jeden Tag. Hätte mein Mann mich
gebeten zurückzukehren, ich hätte es sofort getan. Weihnachten
war schrecklich. Meine Einsamkeit habe ich mit Rotwein betäubt.
Als ich den Telefonanschluss hatte, habe ich im Internet gesurft
und gechattet. Es öffnete mir eine neue Welt. Eine Welt, von der
ich mehr wissen wollte. Meinen 40. Geburtstag feierte ich in einer
größeren Stadt, wohin mich jemand eingeladen hat. Ich begriff
endlich, dass ich nicht nur Bäuerin war, sondern auch eine Frau!

Seit dieser Zeit kleide ich mich femininer und lege Wert auf ein gepflegtes Äußeres. Gummistiefel und Kopftuch sind Vergangenheit.

„Aus den Augen, aus dem Sinn", das spürte ich sehr deutlich in den vier Jahren. Kaum jemand besuchte mich, als ich alleine lebte. Ich besuchte Freunde, Verwandte und Bekannte, aber fast keiner erwiderte diese Kontakte. Man kannte mich nicht mehr, zum Teil hält das bis heute an. Anfangs vermied ich es, in die Richtung des Dorfes zu fahren, wo ich so lange als Bäuerin gelebt habe. Ich habe mich geschämt. Und es dauerte drei Jahre, bis ich auf dem traditionellen Erntefest keine Fluchtpanik mehr bekam.

Im Januar 2004 holte ich meinen jüngsten Sohn zu mir, weil er auf dem Hof nicht die notwendige Versorgung und Betreuung erhielt, die für ein Kind erforderlich ist. Die Schule hatte mich informiert. Das auffällige Verhalten meines Sohnes war meiner Meinung nach ein Hilferuf seiner kleinen Seele. Es tat mir so leid. Aber nun war er bei mir und ich konnte mich um ihn kümmern.

Auf der Suche nach einer Arbeit ging ich durch viele Stationen, bevor ich endlich in meinem heutigen Beruf ankam. Ich musste Geld verdienen. Unterhalt musste ich leider einklagen, und es verging viel Zeit, bis ich das Geld erhielt. Erst als Hauswirtschafterin in einer Familie mit Restaurantbetrieb, dann Verkäuferin in einem Bauernhofladen, in einer Gärtnerei und Baumschule und abschließend während der Weiterbildung für Arbeitslose Praktika in Altenheim und Großküche.

Parallel zu diesen Praktika informierte ich mich im Internet über die Arbeit und Ausbildung der Dorfhelferin. Ich ließ mir Unterlagen schicken. Diesen Beruf konnte ich mir für mich wohl vorstellen. Meine Mutter hatte in den 70ern eine Dorfhelferin während eines Kuraufenthaltes und ich selbst hatte damit auch gute Erfahrungen gemacht. Außerdem bewunderte ich die Kompetenz und Einsatzbereitschaft dieser helfenden Frauen. Ich besaß alle nötigen Voraussetzungen und die Agentur für Arbeit versprach finanzielle Hilfe.

Aber die Schulung fand nicht vor Ort statt, sondern in Loccum am Steinhuder Meer im Internat.

Die Anmeldefrist für die Fortbildung stand kurz bevor. Was sollte ich machen? Ich konnte meinen Sohn doch nicht alleine lassen! Doch die Entscheidung nahm mein Sohn mir ab. „Mama", sagte er, „melde dich da ruhig an. Ich wollte dir sowieso sagen, dass ich gern wieder zurück zu Papa möchte. Bitte sei mir nicht böse. Ich habe dich trotzdem lieb." Das zog mir natürlich im ersten Moment den Boden unter den Füßen weg. Nun verabschiedet sich auch das jüngste Kind von mir. Es tat und tut heute noch weh, wenn ich an diesen Moment damals denke.

Und so besuchte ich das Seminar zur Ausbildung als Dorfhelferin in der Heimvolksschule in Rehburg-Loccum von September 2006 bis November 2007. Schule und Praktika wechselten sich im vierwöchigen Rhythmus ab. Das dreimonatige Familienpraktikum absolvierte ich im Landkreis Osnabrück. In dem Dorf, in dem ich in dieser Zeit wohnte, lernte ich meinen jetzigen Lebensgefährten kennen. Nach dem erfolgreichen Examen zur Dorfhelferin wurde mir für die Osnabrücker Region sofort eine Stelle angeboten, die ich gern annahm. Als ausgebildete Dorfhelferin kann ich all meine Erfahrungen und Kenntnisse umsetzen, die ich in meinem Leben auf dem Weg bis hierher gesammelt habe. Der Umgang mit den Menschen macht mir Freude. Das selbstständige und verantwortungsvolle Arbeiten in den Einsätzen vor Ort und die Dankbarkeit der Familien geben mir die Bestätigung, dass ich mich richtig entschieden habe.

Sooft es geht, fahre ich immer wieder gern ins Ammerland. Treffe mich mit meinen erwachsenen Kindern. Ich besuche die Menschen, die mir ans Herz gewachsen sind, die ein Ohr und Verständnis für mich hatten, ganz besonders die lieben Nachbarn meines Elternhauses. Ich höre es gern, wenn sie von alten Zeiten erzählen und wenn ich mich mit ihnen auf Ammerländer Platt unterhalten kann, dann ist das für mich Heimat. Heute noch gehe ich gern durch „Eilers Busch" und auf den „Moorkampweg" und lasse meine Gedanken schweifen an eine Zeit, die so nie wiederkommt. Auch die Liebe zur Natur und das Pirschen habe ich beibehalten. Ich habe kürzlich den Jagdschein gemacht und freue mich, diese Passion mit meinem Lebensgefährten teilen zu dürfen.

Für die Zukunft wünsche ich mir, dass ich mich nie wieder in eine Form pressen lasse, in die ich nicht hineinpasse. Und dass ich so sein darf und angenommen werde, wie ich bin.

Lang war der Weg bis hierher und wahrhaftig nicht einfach. Aber ich bereue nichts, es hatte alles seinen Sinn. Ich bin mir sicher, Gott hat mich geführt, weil er es gut mit mir meint.

Gisela, Assistenz der Geschäftsleitung in Nordrhein-Westfalen

Zielgerichtet zu neuen Ufern

Seit dem 14. Jahrhundert leben hier nachweislich Menschen. Als mich meine Mutter das erste Mal hierher brachte, fragte sie: „Ist hier die Welt zu Ende?" Erst seit ungefähr zehn Jahren gibt es Straßennamen. Aus der tiefsten Provinz wurde dadurch tiefe Provinz. Ich mochte von Anfang an die einsame Lage des Hofes, den Wald in der Nähe, die Stille und auch die dunklen Nächte, ohne Straßenbeleuchtung.

Ich stamme aus einer liberalen Beamtenfamilie. Lebhafte Gespräche bei Tisch über Gott und die Welt waren bei uns üblich. Jedes von uns drei Kindern durfte alles fragen und bekam eine ordentliche Antwort. Es wurde viel Wert auf Allgemeinbildung gelegt. Museen und Musik, Theater, all das war selbstverständlich, und immer ein tolles, positives Thema. Ausflüge zu den großen Seehäfen und Spaziergänge im Wald, es gab von allem. Jede Woche fuhren wir zum Schwimmen, meine Mutter nahm selbstverständlich auch die Kinder aus der Nachbarschaft mit.

Als Zwölfjährige durfte ich einmal bis um Mitternacht fernsehen, weil Fritz Wunderlich in der Zauberflöte sang. Sonst ging es um acht Uhr abends ins Bett. Die große Toleranz gegenüber Meinungen und Menschen zeigte sich z.B. bei der Aufnahme amerikanischer Jugendlicher in einem Sommer. Es war eine dunkelhäutige Austauschschülerin dabei, die von den anderen Eltern schon mit Skepsis beäugte wurde. Mein Vater hat sie sofort als seine „Sommertochter" akzeptiert und so auch vorgestellt. Anfang der 70er Jahre war dies lange nicht so selbstverständlich wie heute.

Mit 19 Jahren habe ich hier eingeheiratet, direkt nach dem Abitur und ohne Ausbildung, auf den alten Hof mit über 70 ha Land, wie damals üblich mit Kühen und Schweinen. Meine Eltern hatten eine andere Vorstellung für mein Leben: Studium, Musik, ... Außer der

Frage, ob ich mir das auch richtig überlegt hätte, kam jedoch nie wieder ein Einwand von ihnen. Sie haben meine Entscheidung akzeptiert und mich ab sofort auch darin unterstützt. Dafür bin ich ihnen dankbar. Auch mein Mann wurde und wird bis heute von meinen Eltern so angenommen, wie er ist. Für mein Hofleben gaben sie mir Liebe und Lachen mit, wenn auch keine große Mitgift und Aussteuer. Es gab damals den Brauch, zur Hochzeit alles zu öffnen. Wirklich alles!! Von den Stalltüren bis zu den Türen des Wäscheschrankes. In unserem Schrank wurden Handtücher und Bettwäsche so gefaltet und gestapelt, dass ein Wäschestück wie zwei aussah.

Im Dorf wurde ich beneidet und auch angefeindet, hatte mir ja einen großen Bauern „geangelt". Hab ich selber auch so gesehen, mein Mann ist über 1,80 m groß! Erst nach und nach wurde ich in das Standesdenken eines großen Hofes eingeweiht, ein Denken, das mir von meinem Elternhaus her fremd war.

Ich hatte keinen eigenen Aufgabenbereich, klar – ich wusste ja auch nicht viel in Bezug auf Landwirtschaft. Wo sollte hier mein Platz sein? In Haus und Stall lernte ich durch Zusehen, Nachmachen und Zuhören. Mein Mann gab auf meine Fragen qualifizierte Auskünfte und Anweisungen. Im Haushalt kam mir meine Liebe zu guter Küche und meine Freude am Garten zugute. Nach einiger Zeit legte ich die Prüfung zur Hauswirtschafterin ab. Für Quereinsteigerinnen wie mich war dies nach fünf Jahren eigener Haushaltsführung möglich. Danach hatte ich auch schon bald meine Meisterprüfung „Ländliche Hauswirtschaft" in der Tasche. Die landwirtschaftliche Ausbildung habe ich durch viele Kurse und Weiterbildungsmaßnahmen, durch eigene Erfahrungen und meinen auskunftsfreudigen Mann absolviert. Auch meine Schwiegermutter meinte es immer gut mit mir. Es fiel nie ein herablassendes Wort über meine anfänglichen Fehler bei der Arbeit in Haus und Hof. Mein Speiseplan entsprach keineswegs den Gewohnheiten der älteren Generation. Ich gab nie auf, etwas Neues auszuprobieren, und bekam nach und nach Achtung und Respekt im Haus. Irgendwann überzeugten sogar meine Pastagerichte.

Das Leben auf dem Hof, ohne abgeschlossene Wohnung, mit gemeinsamer Küche und gemeinsamem Badezimmer, heute fast undenkbar, war damals normal! Vor allem das Badezimmer wurde vor Familienfesten, zu denen die ganze Familie gleichzeitig das Haus verlassen musste, zum Nadelöhr, wenn vier Erwachsene in Stallkleidern gleichzeitig das Bad stürmten, um nur eine Stunde später in Festtagskleidung in einer Kirche zu sitzen!! Es war auf den meisten Höfen so, sowohl in der Verwandtschaft als auch im Dorf. Es forderte beide Seiten, vor allem meine Schwiegermutter und mich.

Das Leben mit der älteren Generation war oft etwas komplizierter, als ich es mir vorgestellt hatte. Vor allem, als deutlich wurde, dass wir kinderlos bleiben würden. Die Erwartung eines Hoferben stand allgegenwärtig im Raum. In der Zeit, als im Freundes- und Verwandtenkreis die Kinder nacheinander geboren wurden, schmerzte es besonders. Auch die ständigen Nachfragen bei Familientreffen, mit Blick auf meinen Bauch, ob wir denn noch nichts bestellt hätten, taten weh. Mir war schon lange klar, dass es mit meinem Mann und mir für seine Familie und seinen Namen auf dem Hof ein Ende geben würde.

Doch was ist eigentlich ein Hof und was bedeutete der Hof für mich? Ein teurer, selbst finanzierter Arbeitsplatz? Ein Moloch, der vor allem Zeit frisst? Ein Platz zum Leben oder Überleben? Ein Lebensgefühl? Als junge Frau stellte ich mir diese Fragen oft.

Die Tischgespräche auf dem Hof drehten sich um die Arbeit im Stall und auf dem Feld. „Auf welcher Fläche bist du?" „Wann soll der Kaffee gebracht werden?" Den Kaffee habe ich immer gerne aufs Feld gebracht, dabei gab es immer einen Augenblick zum Reden, ohne alles kommentierende Zuhörer. Freizeit? Was ist freie Zeit? Wenn ich z.B. an den DLG-Besuch in München denke, war das zwar wieder beruflich, doch hat viel Spaß gemacht. Auch die Messen, auf denen wir uns informierten, um den Hof weiter zu entwi-

ckeln, waren immer Pflichttermine, jedoch auch immer, wie die
Engländer sagen, „a day out"!

Mein Mann und ich entwickelten den Hof vom Gemischtbetrieb
über Bullenmast zu einem intensiven Schweinebetrieb. Für die Wei-
terentwicklung war das Thema Kapital zu jeder Zeit sehr präsent.
Es war sehr wichtig und nahm in fast allen Gesprächen viel Raum
ein. Doch das wichtigste Kapital „Zeit" rann uns so oft durch die
Hände. Fütterungszeiten, Bestell- und Erntezeiten, Selektionen der
Sauen, Impftermine, Verkaufstermine machten das Leben manchmal sehr hektisch.

Der Hof schluckte alles Geld und alle Zeit. Und trotz unserer 70 ha
Fläche war klar, dass wir den Betrieb hätten weiterentwickeln müssen, damit wir auch in Zukunft noch davon hätten leben können.
Ein Hof, der im Ist-Zustand verharrt, verliert an Attraktivität. Still-
stand bedeutet Rückschritt! Eine nächste Generation, für die es sich
gelohnt hätte, den Betrieb zu entwickeln, gab es nicht und auf einen
auslaufenden Betrieb wollten wir nicht den Rest unserer Arbeitstage
zuarbeiten. Deshalb war die Entscheidung, dass wir uns von dem
Betrieb rechtzeitig trennen wollten, schon frühzeitig klar.

Auch die Idee einer Firmengründung kristallisierte sich schon
während der letzten Hofjahre heraus. Ein großes Steckenpferd meines Mannes war die Bodenfruchtbarkeit. Er experimentierte gerne
mit der Zugabe von Mikroorganismen. Seine Versuche wurden sogar von Universitäten und der Landwirtschaftskammer begleitet.
Und für ihn war klar, dass er in diesem Bereich weiterarbeiten wollte. Heute arbeiten wir mit dem deutschen Lizenznehmer der weltweit agierenden Organisation als „Firma zur Beratung und Vertrieb
von Effektiven Mikroorganismen®" zusammen.

Die letzten Jahre führte ich allein und selbstständig den Betrieb,
da sich mein Mann bereits um den Aufbau unserer Firma kümmerte. Dabei entstand eine Verbundenheit mit dem Hof, die ich nie erwartet hätte. Es war auch die Anerkennung, vor allem die meines
Mannes, die mir in dieser Zeit sehr viel bedeutet hat. Auf die Frage

nach dem Weiterführen des Hofes habe ich oft gesagt: „Ich weiß nicht, wer es ist, aber ich weiß, dass er oder sie schon geboren ist." Und so war es auch. Es bewarb sich ein motivierter junger Mann aus einer landwirtschaftlichen Familie mit neuen Ideen und der Bereitschaft, den Hof mit Engagement weiterzuführen. Dies gab meinem Mann und mir das Gefühl, dass der Hof, wenn auch unter neuer Führung, weiterhin Bestand hat. Als dann endgültig die Verpachtung anstand, sagte mein Verstand ganz klar „Ja" dazu, denn dieser Entschluss war lange gereift und auch wirtschaftlich eindeutig die beste Entscheidung. Trotzdem war mein Gefühl von Wehmut geprägt. Ich, die ja meine Wurzeln gar nicht auf diesem Hof hatte, konnte schlechter loslassen als mein Mann.

Kurz vor der Übergabe überarbeitete ich nochmals alle Stallungen und machte richtig gründlich sauber für unseren jungen Pächter. Diese Arbeit lenkte mich ab und gab mir ein gutes Gefühl für die Abgabe. Der Zeitpunkt, vom Hof Abschied zu nehmen, war optimal. Wir waren noch jung genug, um die Chance zu haben, neue Wege zu gehen.

Der Umzug in ein vom Hof separat stehendes Haus brachte viel Positives. Die Generationen waren jetzt räumlich getrennt, meine Schwiegermutter und ich hatten jeweils ihre eigene Küche, was wir auch noch fünf Jahre genossen haben, bis meine Schwiegermutter krank wurde. Nach über 20 Jahren war da jetzt eine Tür, die geschlossen und auch wieder aufgemacht werden konnte. Von Anfang an wurde jetzt gegenseitig angeklopft vor Betreten der anderen Wohnung. Die von Solidarität geprägte Achtung half meiner Schwiegermutter und mir dann auch, mit der Pflegesituation fertig zu werden. Seit dem Tod meiner Schwiegermutter lebt mein Schwiegervater heute allein im separaten Altenteil des Hauses. Mittags essen wir zusammen, was er genießt. Er ist mit der heutigen Situation vollständig einverstanden.

Was mir heute wirklich fehlt, sind die jungen Leute aus den Ernte- und Bestellkampagnen. Sie wurden bei uns während dieser Zeit immer auf dem Hof verpflegt. Diese großen Runden am Tisch mit vielen Gesprächen brachten Leben ins Haus. Auch der Umgang mit den Tieren fehlt mir manchmal. Dieses verantwortungsvolle Arbeiten mit den Tieren, das mir viel Freude machte, war ja damit auch zu Ende.

Wir hatten das große Glück, dass wir mit einer guten Idee eine Firma gründen konnten. So brauchten wir jetzt dem rasanten Strukturwandel nicht mehr mit Wachsen und Entwickeln gegenhalten, um weiter existieren zu können.

Heute bin ich Buchhalterin, Springerin im Alltagsgeschäft, Telefonistin, Assistenz der Betriebsleitung. Es ist, wie schon zu aktiven Hofzeiten, manchmal hektisch, jedoch immer spannend für mich. Heute beginnt mein Arbeitstag mit Duschen. Zu aktiven Hofzeiten endete er damit. Heute sind wir mit unserer Firma auf vielen Messen vertreten. Unsere eigenen Erfahrungen als Messebesucher können wir sowohl beim Aufbau unseres Standes als auch beim Umgang mit unseren Kunden gut gebrauchen.

Mein Mann genießt es auch, heute all das auszuleben, was früher nicht möglich war. Der Kontakt zu vielen Menschen, in ganz Deutschland unterwegs zu sein und trotzdem sich die Zeit so einteilen zu können, dass es auch freie Zeit gibt. Gemeinsam in den Urlaub fahren? Das war vorher nicht möglich, so sind wir von jeher getrennt gefahren und haben damit die Chance verpasst, positive Erinnerungen fürs Alter zu schaffen. Durch jahrzehntelanges gemeinsames Arbeiten und die räumliche Nähe auf dem Hof haben wir die Balance zwischen privatem und geschäftlichem Leben damals nicht so recht hinbekommen. Und gerade das fällt uns heute, auch mit den neuen Freiheiten, immer noch schwer. Keinen Wecker mehr stellen zu müssen zwischen Weihnachten und Neujahr, war eine der größten Umstellungen. Dabei wurde mir noch mal wieder deutlich, wie stark der Hof unseren Alltag bestimmt hat. Das gewohnte frühe Aufstehen hat jetzt allerdings viele Vorteile. Diese nun freie Zeit mit Sport oder Lesen nutzen zu können, ist einfach genial. Mein Klavier führte viele Jahre ein klangloses Leben auf dem Hof. Heute, wieder gestimmt im Wohnzimmer stehend, ist es mehr als nur ein Einrichtungsgegenstand.

Heute weiß ich, dass es richtig war, Entscheidungen aktiv anzugehen: den Zeitpunkt zu erkennen, um den Schnitt zu wagen, diesen bewusst zu machen, nicht über die Situation zu klagen, sondern Konsequenzen daraus zu ziehen. Hof und Wohnhaus zu trennen, um einem jungen Pächter eine Chance zu geben. Vorausschauend haben wir schon zu Hofzeiten ein neues Haus gebaut. Das war eine gute Entscheidung. Loszulassen!!! Einen neuen Weg zu gehen, der mehr als je zuvor geeignet ist, die eigenen Fähigkeiten weiterzugeben. Wir gingen nicht weg, sondern zielgerichtet zu neuen Ufern!

Brigitte, Rentnerin und Studentin in Rheinland-Pfalz

... und dann bestimmte der Hof mein Leben

Jetzt bin ich 64 Jahre alt und geschieden. Ich musste deshalb mein Zuhause, den Hof und letztlich auch mein Heimatdorf verlassen. Vor Gericht kämpfe ich noch immer um meinen Teil des Hausrates, um die Herausgabe meines Geschäftseigentums, um meinen Teil des Zugewinns, um Trennungsunterhalt und nachehelichen Unterhalt. Ich frage mich, warum das alles so kommen musste.

Geboren und aufgewachsen bin ich in diesem kleinen Dorf in der Pfalz. Mein Vater war ein Handwerker, den der Krieg in dieses Dorf verschlagen hatte. Meine Mutter war die Tochter eines Kleinbauern aus diesem Dorf. Nachdem mein Vater aufgrund seiner schweren Kriegsverletzung nicht mehr arbeiten konnte, ging meine Mutter als Tagelöhnerin zu einem Bauern arbeiten und mein Vater wurde „Hausmann". Ich erinnere mich, dass er aber Probleme hatte, meine Zöpfe zu flechten. Sie bogen sich bei ihm immer und deshalb wurden sie abgeschnitten.

Meine Kindheit in diesem Dorf war schön. Beide Eltern waren für mich immer da, auch meine Mutter, denn ich wusste ja, wo sie arbeitete, und konnte so auch jederzeit zu ihr. Außerdem gab es ja auch noch die vielen Tanten und vor allem meine Oma. Ich war das Nesthäkchen der Großfamilie und die liebste Enkelin meiner Großmutter. Wenn meine Eltern einmal ausgingen, dann durfte ich bei der Oma im Bett schlafen. Sie sang mir dann vor und erzählte mir Geschichten von früher.

Ganz wichtig für mich war meine beste Freundin Gerda. Sie war die dritte von vier Bauerntöchtern und wir verbrachten fast jeden Tag miteinander. Im Winter fuhren wir Schlitten. Am schnellsten war ich, wenn ich mich dabei mit dem Bauch auf den Schlitten legte. Einmal war ich so schnell, dass ich die große Kurve nicht kriegte, den Abhang hinuntersauste und im Stacheldraht landete. Im Frühling, wenn der Bach, der durch das Dorf floss, Hochwasser hatte, warfen wir als „Schiffe" kleine Stecken hinein und kontrollierten, wie weit diese schwammen. Manchmal kletterten wir auch durch die „Dolen", durch die der Bach floss. Außerdem freute ich mich immer darauf, endlich wieder Kniestrümpfe tragen zu dürfen. Im Sommer liebten wir es, „Häuschen" zu bauen. Einmal misteten wir den Ziegenstall aus, kauften von unseren Ersparnissen Küchenpapier, mit dem man sonst Schränke ausschlug, und hängten dies an die Wände des Stalls. Als Abtrennung der Räume hängten wir leere Kartoffelsäcke auf. Im Herbst halfen wir bei der Kartoffelernte. Dafür bekam ich 50 Pfennig am Tag. Dieses Geld sparte ich, um meinen Eltern ein Weihnachtsgeschenk davon zu kaufen.

Mit 14 Jahren kamen meine Freundin und ich in die Lehre in die Kreisstadt. Ich hatte mir in der Dorfschule leicht getan und deshalb im letzten Jahr zusätzlich in einer Handelsschule stenografieren und Maschinenschreiben gelernt. Mit diesen Kenntnissen bekam ich eine Lehrstelle zum „Industriekaufmann". Nach abgeschlossener Lehre war ich die erste Frau aus unserem Dorf, die eine so qualifizierte Ausbildung hatte. Später besuchte ich eine Abendschule und lernte dort Englisch. Nachdem ich vier Jahre in meinem Beruf gearbeitet hatte, kündigte ich und ging nach München, um dort an der Sprachenschule der Landeshauptstadt auf dem zweiten Bildungsweg Sprachen zu studieren. Für die Mittlere Reife legte ich zusätzlich bei der Staatskanzlei eine Begabtenprüfung ab.

Um meine unzureichende Vorbildung im Vergleich zu den Mitstudierenden auszugleichen, ging ich nach England und arbeitete dort in London als Au-pair-Mädchen in einer Familie. München war für mich „Landpomeranze" schon neu und aufregend gewesen, aber nichts im Vergleich zu London. Die Familie lebte im vornehmen South-West Kensington, angrenzend an ein aufregendes Viertel, in dem Briten aus dem ganzen Commonwealth lebten. Ich hatte ein Zimmer mit offenem Kamin und schönen alten Möbeln. Nebenbei besuchte ich das College of Commerce.

Ich musste nur einen halben Tag arbeiten und in meiner Freizeit schaute ich mir London an: die historischen Gebäude, die Museen, die Gärten, die Parks – und ich ging in Konzerte. Besonders in Erinnerung ist mir ein Konzert in der schönen, alten Royal Albert Hall mit dem berühmten Geiger Menuhin und einem Chor von 700 Sängern und Sängerinnen. Nie werde ich vergessen, wie am Ende des Konzertes der Orgelspieler alle Register zog, alle Besucher aufstanden und mit dem Chor die Nationalhymne sangen. Ich hatte das Gefühl, die Halle bebte. Es war so überwältigend.

In den Ferien beschloss ich mit einer Freundin, in den Norden Großbritanniens zu trampen. Das war sehr einfach in England, dort kennt man dies seit dem Ersten Weltkrieg, als man heimkehrende Soldaten mit dem Auto mitnahm. Wir waren entsprechend erfolgreich. Wir reisten in den Westen durch den Lake Distrikt über Glasgow durch das schottische Hochland, vorbei an Loch Ness – das Ungeheuer haben wir leider auch nicht gesehen – bis hoch in die nördlichste Stadt Schottlands, nach Inverness. Von dort ging es quer durch das karge Hochland mit seinen Angusrindern an die Ostküste in die graue Granitstadt Aberdeen und dann wieder nach Süden in die Hauptstadt Schottlands nach Edinburgh.

Nach der Rückkehr beendete ich in München mein Englisch-Studium, ging für einen Arbeitsaufenthalt in einen Kibbuz nach Israel nahe dem See Genezareth und bereiste anschließend mit einer anderen Studentin per Anhalter das Land: durch das Jordantal, die Wüste Negev und die Wüste Sinai bis hinunter nach Sharm-el-Sheikh. Anschließend begann ich Französisch zu studieren und verbrachte deswegen auch zwei Monate an der Côte d'Azur. Ich lebte in der Nähe von Cannes und bereiste – wieder per Anhalter – die Küste von Saint Tropez bis Monte Carlo. Bekleidet mit einem Dirndl, mit dem ich immer am erfolgreichsten beim Trampen war, ließ mich ein Bediensteter des berühmten Casinos auch in eine der Spielhallen. Ich habe mir das alles aber nur angesehen. Ich bin kein Spielertyp.

Während der Olympiade in München 1972 arbeitete ich als Hostess für die Lufthansa in einem Restaurant im Olympischen Dorf. Das war wieder eine aufregende Zeit. Im Bus zum Flughafen lernte ich die Sekretärin des damaligen Oberbürgermeisters Dr. Vogel kennen. Diese schenkte mir Eintrittskarten für die Wettkämpfe. Außerdem durften wir in unserer Freizeit für 10 Prozent des Flugpreises fliegen, wohin wir wollten. So flog ich mit einer Mitarbeiterin in das schöne und kulturübergreifende Istanbul und fuhr von dort mit einem Boot den Bosporus hinauf bis zum Schwarzen Meer. Nach Beendigung der Arbeit im Olympischen Dorf durften wir außerdem für den gleichen Preis für sechs Wochen eine große Reise machen. Es wurde für mich und eine befreundete Studentin eine kleine Weltreise. Zuerst flogen wir nach Athen, dann nach Rom und von dort nach Rio de Janeiro. Dank Lufthansa konnten wir in dem Gloria Palast Hotel zum halben Preis wohnen. Wir waren sehr beeindruckt und konnten es kaum fassen, wo wir gelandet waren. Beim Frühstück unterhielten wir uns – in der Annahme, keiner verstünde hier Deutsch – über alles Mögliche, unter anderem auch über einen älteren Herrn am Nachbartisch, der aussah wie der typische englische Gentleman. Beim Verlassen des Raumes folgte uns dieser Gentleman und sprach uns zu unserem Schrecken in fließendem Deutsch an. Er stellte sich als der Konsul von Australien vor und erzählte uns, dass er früher zehn Jahre Konsul in München gewesen sei, und er sich freue, wieder jemanden aus München zu treffen. Er fragte uns höflich, ob er uns zum Essen einladen dürfe. Wir nahmen an und erlebten dadurch Rio auf ganz besondere Weise. Er nannte uns seine Kinder aus München, ließ uns durch Rio chauffieren und besorgte uns Karten für die Sambaschule. Das war ein ganz besonderes Erlebnis. In einem Fußballstadion spielten drei Kapellen im Wechsel Samba. Tausende von Brasilianern übten dabei für den Karneval und wir tanzten mit.

Von Rio aus flogen wir nach Buenos Aires, das „Paris Südamerikas" genannt, und von dort über die majestätischen, schneebedeckten Anden nach Santiago de Chile und weiter nach Lima und danach nach Jamaika. Dort hatte ich von Dr. Vogels Sekretärin eine Adresse, an die wir uns wenden konnten, und so erlebten wir auch Jamaika auf besondere Weise. Wir waren eingeladen in eine Villa der englischen Oberschicht und wurden mit einem „Firebird"-Sportwagen durch Kingston chauffiert. Dann fuhren wir mit dem Bus nach Montego Bay, badeten in der wunderschönen Karibik und freuten uns wie die Kinder.

Zum Abschluss besuchten wir New York. Auch dort hatten wir Kontaktadressen. Ich war beim Trampen durch Israel von einem Bus mit amerikanischen Juden mitgenommen worden und hatte dadurch die Adresse eines Rabbis aus Brooklyn. Dieser organisierte uns eine kostenlose Übernachtung und einen kostenlosen Eintritt in die Musical Hall. Wir gingen auf den Broadway, stiegen auf das Empire State Building und bewunderten so New York von oben. Nach sechs Wochen flogen wir wieder nach Hause, durch viele Eindrücke bereichert.

Nach einem Abschlusssemester Spanisch bewarb ich mich bei der Lufthansa als Stewardess und wurde auch genommen. Ich war für diesen Beruf auch sehr geeignet. Ich hatte keine Kontaktschwierigkeiten, was bei den ständig wechselnden Mitarbeitern wichtig war, war zur Teamarbeit gut geeignet und ich war freundlich und fürsorglich den Passagieren gegenüber. Außerdem war ich neugierig darauf, fremde Länder und Leute kennenzulernen. Zuerst flog ich nur innerhalb Europas, später dann weltweit. Ich war auf fast allen Kontinenten, aber am liebsten flog ich nach Fernost. Hongkong war für mich neben Rio die schönste Stadt, die ich kennengelernt habe. Es war vor allem auch so fremdartig, so lebhaft, so geschäftig – und ich liebte die chinesische Küche. Ich kostete mein „Fliegerleben" in vollen Zügen aus, zumal mir klar war, dass es irgendwann zu Ende sein würde. Es erschien mir nie erstrebenswert, dies mein ganzes Leben weiterzuführen. Deshalb habe ich sehr bewusst meine Freundschaften außerhalb dieses Fliegersystems gepflegt.

Schon acht Jahre zuvor, bei einem Heimaturlaub von England, hatte ich in meinem Heimatdorf meinen späteren Mann kennengelernt. Er war der „Neubauer" in unserem Dorf und die jüngere Schwester meiner Freundin stellte ihn mir vor. Seine Familie hatte ihren Pachtbetrieb in Württemberg verlassen müssen und einen Hof in unserem Dorf gekauft. Ich war damals erst 22 Jahre alt gewesen und nach meiner Sprachenausbildung stand mir die Welt offen. Ein Leben in meinem Heimatdorf auf einem Hof wäre damals undenkbar gewesen. Andererseits schätzte ich die Bodenständigkeit meines Freundes – gewissermaßen als krassen Gegenpol zu meinem Leben. Ich wollte irgendwann eine Familie gründen und Kinder haben, und dafür erschien mir die Welt eines Bauernhofes eine solidere Grundlage zu bieten als mein unstetes Leben, in dem ich drei von vier Wochen im Monat unterwegs war.

Mit dreißig Jahren, die biologische Uhr tickte schon, entschloss ich mich, den „Neubauern" in unserem Dorf zu heiraten, und kehrte so an meinen Geburtsort zurück. Ich habe meinen Mann nicht wegen seiner Hektar geheiratet, sondern trotz dieser. Ich akzeptierte den Hof als die Lebensgrundlage der Familie, die ich gründen wollte. Mein Mann wollte ebenfalls gerne eine Familie und jemanden für den Hof, den er weiter entwickeln wollte. Ich arbeitete noch in meinem Beruf bis ein Jahr nach der Geburt unseres Sohnes. Dann optierte ich, das heißt, ich bekam eine Abfindung und konnte dafür nicht mehr in meinen Beruf zurück. Von da an bestimmte der Hof mein Leben und ich lebte wieder mit den Jahreszeiten.

Für die damalige Zeit war ich sicher das, was man unter einer emanzipierten Frau verstand. Ich hatte ein in hohem Maße selbst bestimmtes Leben gelebt. Nun kam ich – als Einzelkind – in eine patriarchalisch geprägte bäuerliche Großfamilie mit den Schwiegereltern im Haus, der Schwester meines Mannes, der „armen Benachteiligten", auf dem Hof gegenüber und meiner Mutter nur

500 m weiter. Diese Familie hatte Wertvorstellungen, denen ich nicht entsprach. Für meinen Schwiegervater war ich eine Mesalliance. Aber das war mein Mann auch in den Augen meiner Freunde. Die betrachteten diese Ehe für mich als sozialen Abstieg. Diese Familie habe einen „Pächterkomplex" und einen „Baron Dünkel". Es fehlte ihr auf jeden Fall eine verantwortungsbewusste, wertschätzende Bindung an den Hof, den sie erworben hatte. Zwischen meinen Schwiegereltern herrschte ein schwerer Ehekonflikt und zwischen den Geschwistern ein latenter Erbschaftskonflikt, der nach dem Tod der Eltern offen ausbrach. Überhaupt ging es in dieser Familie in Bezug auf den Hof immer nur um Besitz und Geld, während es mir um ein Ehe- und Familienideal ging.

Ich übernahm die klassische Rolle der Eingeheirateten, um jedoch bald innerhalb des Systems dagegen zu rebellieren. Als meine Schwiegermutter behauptete, ich gäbe das Geld aus – zu einem Zeitpunkt, als ich noch nicht einmal eine Bankvollmacht für den Betrieb hatte und lediglich mein Geld für den Betrieb ausgab –, und mein Mann sich auch noch auf ihre Seite stellte, kam es zum ersten schwerwiegenden Konflikt zwischen meinem Mann und mir.

Da der Hof in seiner damaligen Größe keine zwei Familien ernähren konnte, war eine entsprechende Betriebserweiterung durch den Neubau eines Bullenmaststalles, den Erwerb von Maschinen und durch Viehaufstockung geplant. Als Folge der genannten Auseinandersetzung weigerte ich mich nun, für die geplanten Schulden zu unterschreiben. Ich wollte damit nichts zu tun haben und sah auch nicht ein, dass ich mit meinem Vermögen dafür haften sollte. Der zuständige Beamte der Landsiedlung erklärte mir, dass sie unter diesen Umständen, aufgrund der hohen Altenteilbelastung, den Hof nicht mit staatlicher Unterstützung fördern könnten. Sie setzten mich damit unter Druck. Hätte ich mich weiterhin geweigert zu unterschreiben, hätte ich der Familie, die ich gegründet hatte, die wirtschaftliche Grundlage entzogen. Eine solche Frau und Mutter wollte ich nicht sein, also unterschrieb ich. Damit bestimmte nun der Hof nicht nur über mein Leben, ich wurde auch die Gefangene seiner Schulden.

Wir fingen also an zu bauen, sowohl den neuen Stall als auch im Wohnhaus. Ich steckte alle meine Ersparnisse und das, was ich von meiner Mutter bekam, in den Um- und Ausbau des Wohnhauses, ohne mir wenigstens das Wohnrecht notariell zu sichern.

In dieser Zeit kam unsere Tochter zur Welt. Die Geburt war ziemlich dramatisch und ich war deshalb längere Zeit im Krankenhaus, weshalb wir eine Betriebshilfe bekamen. Leider ließ es mein Mann an jeglicher Distanz zu dieser Betriebshelferin fehlen. Als ich nach Wochen psychisch und physisch geschwächt wieder nach Hause kam, hatte er gar das unglaubliche Ansinnen an mich, „ich solle doch Rücksicht auf diese Frau nehmen, sie hätte ein Problem damit, dass ich wieder da sei".

Zu geschwächt und als Gefangene der Situation sorgte ich zwar dafür, dass sie den Hof verlassen musste, aber ansonsten ließ ich die Dinge vorerst auf sich beruhen und verdrängte zunächst diese negative Erfahrung. Damit wurde der Anpassungsdruck, unter den ich mich mit dieser Ehe gesetzt hatte, immer größer. Aus finanziellen Gründen und weil ich keinen fremden Arbeiter mehr in unserer kleinen Wohnung haben wollte, ging ich selbst in den Stall und übernahm auch sonst die Arbeit des Lehrlings, zusätzlich zu der Hausarbeit, zu der Buchführung und was sonst noch an Schreibarbeit anfiel. Diese Arbeit belastete mich sehr. Ich bin handwerklich zwar geschickt, aber motorisch eher langsam. Außerdem hatte ich Angst vor den Tieren und vor dem Schlepperfahren. Ich war nicht damit aufgewachsen. Mit der Zeit gewöhnte ich mich jedoch daran und bekam ein Auge für die Krankheiten der Tiere, wofür ich beim Tierarzt hoch angesehen war. Kränkend und herabwürdigend war für mich, dass mein Mann dies keineswegs anerkannte, sondern mir immer wieder vorhielt, ich täte nichts. Bis mich eines Tages die Wut packte und ich mich weigerte, in den Stall zu gehen, und auch sonst nichts mehr in der Außenwirtschaft tat. Nach acht Wochen gab er dann klein bei, ohne jedoch sein Verhalten wirklich nachhaltig zu ändern.

Das alles hatte zur Folge, dass ich nach sieben Jahren Ehe wegen psychischer und physischer Überforderung in eine Kurklinik für psychosomatische Erkrankungen kam. Ich hatte mich zu sehr ideell, existenziell und auch was die Bewertung meiner Arbeitsleistung betraf von einem Menschen abhängig gemacht, der andere nicht wirklich wertschätzen konnte, noch nicht einmal seine eigenen Kinder.

Nach dem Klinikaufenthalt ging es für einige Zeit besser, bis ich mich mit 40 Jahren bewusst mit meinem Leben auf dem Hof auseinandersetzte. In diesem Zusammenhang kam nicht nur die fehlende Anerkennung, sondern auch die Affäre mit der Betriebshelferin auf den Tisch, was zu einer ernsthaften Ehekrise führte. Mithilfe der Familienberatung gelang es, die Ehe wieder zu stabilisieren. Ich begann nun, gestärkt in meinem Selbstwertgefühl, unabhängiger von Mann und Hof zu werden, indem ich ehrenamtliche Tätigkeiten übernahm. So wurde ich Schulelternsprecherin, Landfrauenvorsitzende und in meiner Kirche wurde ich auch auf EKD-Ebene tätig. Als ich eines Tages aufgrund meiner Sprachkenntnisse für eine Europatagung vorgeschlagen wurde, kamen mir beim Lesen des Briefes die Tränen. Ich wurde wegen meiner früheren Ausbildung wertgeschätzt!

Mit 45 Jahren ergab sich die Möglichkeit, mich in meinem früheren Beruf bei der Lufthansa als Stewardess für die Sommersaison zu bewerben. Als ich für die Nachschulung die Lehrgangsnummer bekam, freute ich mich so, dass ich in die Hände schlug und um den Tisch herum hüpfte. Plötzlich fing ich jedoch an zu weinen. Ich weinte so wie noch nie in meinem Leben. Es waren die Tränen der Trauer um das Leben, das ich für mein jetziges Leben aufgegeben hatte, und die ich mir nie erlaubt hatte zu weinen. Leider musste die Lufthansa wegen einer finanziellen Krise den Lehrgang absagen. Da ich davon ausging, dass es einige Zeit dauern würde, bis diese Krise überwunden wäre, überlegte ich mir etwas anderes.

Aufgrund meiner ehrenamtlichen Tätigkeit und regelmäßiger Lektüre der landwirtschaftlichen Fachzeitschriften war ich über die EU-Fördermöglichkeiten gut informiert. Ich hatte erkannt, dass die Förderung umweltschonender Landwirtschaft für die Struktur unseres Betriebes von großem Nutzen sein könnte. Außerdem wollte mein Mann gerne Rindfleisch selbst vermarkten. So entwickelte ich den Plan, die Bewirtschaftung des Hofes entsprechend umzustellen, das heißt, Ackerland in Dauergrünland umzuwandeln, den Mutterkuhbestand zu erhöhen, eine Metzgerei zu bauen, um die weiblichen Tiere dort selbst zu vermarkten. Zusätzlich wurde die leer stehende Wohnung in der unteren Etage des Hauses in ein Gesellschaftsrestaurant umgebaut und damit der Bogen von meiner früheren Tätigkeit zu meinem jetzigen Leben geschlagen. Es war eine erneute Entscheidung für das Leben auf dem Hof, für meinen Mann und die Familie, die ich gegründet hatte.

Das Bauen war belastend, aber es machte auch Freude, besonders das Gestalten der Räume für das Gesellschaftsrestaurant. In die ehemalige gute Stube kam das Speisezimmer, möbliert mit alten Möbel aus der Gründerzeit, und in das „Empfangszimmer" kamen eine Ledercouch und ein Sessel sowie Möbel aus dem Biedermeier und Louis Philippe. Die Küche wurde ganz modern nach dem damals neuesten Stand der Technik eingerichtet. Auf der Speisekarte standen Rindfleischgerichte aus eigener Züchtung und eigener Schlachtung, serviert auf Rosenthal-Porzellan „Maria Weiß".

Die hässliche Treppe am Eingang des Hauses wurde durch eine Sandsteintreppe ersetzt und die Metzgerei bekam Sprossenfenster mit Sandsteinrahmungen. An die Fenster des Hauses kamen neue Vorhänge und Geranien. Aus dem ehemals heruntergekommenen Hof wurde so nun ein „Vorzeigehof".

Das Restaurant machte mir viel Freude, aber die Arbeit bereitete auch Stress. Allerdings war das nun ein positiver Stress im Gegensatz zur Stallarbeit, die nun ein Arbeiter erledigte. Dieses Leben entsprach nun meinen Neigungen und Fähigkeiten. Dem Hof, den ich manchmal so gehasst hatte, gab ich nun einen Namen – Lindenhof! Ich war nun wirklich die Bäuerin vom Lindenhof geworden.

Die Betriebsumstellung erwies sich als richtig. Wir kamen damit während zweier BSE-Krisen mit einem blauen Auge davon. Außerdem reduzierte sich die Arbeit im Außenbereich weitgehend im Vergleich zu früher.

Um bekannter zu werden – um mehr Kunden zu erreichen –, veranstalteten wir jedes Jahr im Frühling und zum Viehabtrieb im Herbst Hoffeste. Die Gestaltung dieser Feste machte mir viel Spaß, aber auch viel Arbeit. Sie waren nur möglich, weil viele mithalfen: die Verwandtschaft, die Freunde unserer Kinder und unsere Freunde. Darunter waren auch meine Jugendfreundin und ihre drei Schwestern. Leider sollte dies jedoch schwerwiegende Folgen für unser aller Leben haben. Mein Mann ging eine Beziehung mit der zweitältesten dieser Schwestern ein. Unterstützt von Freunden, dem Pfarrersehepaar, der Familienberatung und den beiden jüngeren Schwestern versuchte ich, meine Ehe und Familie zu retten. Dies war jedoch nicht möglich. Mein Mann und seine Geliebte waren nicht bereit, die Verantwortung für ihr Verhalten zu übernehmen. Aus Angst vor Ablehnung und aus Eigennutz bezichtigten sie mich der böswilligen Verleumdung. Sie zerstörten damit nicht nur unsere Familie, sondern spalteten auch die Herkunftsfamilien, die Freundschaften, die Nachbarschaft und die Dorfgemeinschaft. Leider belog er auch seine eigenen Kinder und versuchte so, auch diese für dumm zu verkaufen – mit weitreichenden Folgen für ihn.

Trotzdem reichte ich noch einmal mit dem Rückhalt der Kinder meinem Mann die Hand zur Versöhnung. Aber diese Versöhnung war leider wie ein Haus auf Sand gebaut, das nach zwei schönen Monaten einbrach. Mein Mann wollte sich nicht eindeutig für seine Frau und seine Kinder entscheiden, obwohl ihm die Geliebte klargemacht hatte, dass sie nicht in unser Dorf und auf den Hof gehen würde. Er bedauerte sein Verhalten mir gegenüber nicht und konnte damit das Vertrauen zwischen uns nicht mehr herstellen. Ich hätte gerne noch das, in meinen Augen, nicht gelebte Leben mit ihm gelebt. Nun, wo die Kinder erwachsen waren und uns vertreten konnten, wo die Arbeit in der Außenwirtschaft viel weniger wurde und wir so viel Zeit und Geld gehabt hätten, die Dinge zu tun, die all die Jahre auf der Strecke geblieben waren. Aber es sollte nicht sein.

Stattdessen eskalierte das Ganze immer mehr, bis ich vor der Gewalttätigkeit meines Mannes zuerst zu einer Freundin und dann zu meiner Mutter floh. Dort musste ich erleben, wie meine eigene Herkunftsfamilie sich gegen mich wandte. Dabei war ich immer ihr Flaggschiff gewesen – „Unser Brigitte hat studiert, war Stewardess und hat einen Großbauern geheiratet" –, so hatten sie mich vorher betrachtet. Jetzt war ich plötzlich die, die den Unfrieden in die Familie und die Nachbarschaft gebracht hatte, und wurde deshalb abgelehnt. Ich war nicht bereit und auch nicht fähig, mich mit der Verlogenheit und Scheinheiligkeit meines Umfeldes zu arrangieren. Der große Philosoph Emanuel Kant sagt: „Die Lüge zerstört unter jedem Bedacht das Vertrauen der Menschen zueinander, sie legt die Lunte an die Grundlagen des Zusammenlebens." Genau so entwickelte sich nun das Leben in unserer Familie und in der Dorfgemeinschaft, in der wir lebten.

Erschwerend kam hinzu, dass ich keine Chance hatte, eine Arbeit zu bekommen. Beim Arbeitsamt hatte man mir mitgeteilt, dass man nicht einmal einen 400-Euro-Job für mich hätte. Mein Rentenantrag lief, war aber zum damaligen Zeitpunkt noch nicht bewilligt. Vor diesem Hintergrund ging ich schwer angeschlagen nach einigen Wochen wieder auf den Hof zurück. Aber ich sollte dort nie mehr richtig Fuß fassen.

In den Wochen, in denen ich weg gewesen war, hatte ich angefangen, den Hof und vor allem auch mein Zuhause zu vermissen.

Ich hatte nirgendwo so lange gelebt wie hier. Ich hatte meine Ersparnisse, einen Großteil meines Erbes sowie meine Arbeitskraft und meine Kreativität in diesen Hof hineingesteckt. Ich fühlte mich entwurzelt. Als ich wieder zurückging, hatte ich endlich mit dem Hof meinen Frieden gefunden.

Aber ich fand keinen Frieden mit meinem Mann. Er hatte die Beziehung in meiner Abwesenheit wieder intensiviert, stritt dies aber weiter ab. Wir standen uns entsprechend unehrlich, ja latent feindselig gegenüber. Eine Zeitlang sah es – zumindest von außen betrachtet – so aus, als würden wir wieder wie Mann und Frau und Familie zusammenleben. Doch dann brach ich mir beim Viehtreiben das Sprunggelenk, wurde hilflos und konnte mich nur noch mit Krücken fortbewegen. Ich konnte nicht mehr arbeiten und wurde depressiv. Ich konnte nicht mehr schlafen, mich nicht mehr richtig konzentrieren und bekam Existenzängste. Als sich mein Zustand so verschlechtert hatte, dass ich am liebsten nicht mehr leben wollte, ging ich in eine Klinik.

Entsprechend verstört berichtete ich in dieser Klinik über die häuslichen Verhältnisse und über das Verhalten des Umfeldes. Nach Rücksprache des Arztes mit meinem Mann – der alles abstritt –, stellte der Arzt fatalerweise die falsche Diagnose. Er glaubte, ich litte an Eifersuchtswahn, einem Verfolgungswahn, einem Verarmungswahn und an paranoiden Wahnvorstellungen und teilte dies auch noch ohne meine Erlaubnis meinem Mann mit. Ich bekam falsche Medikamente und verließ die Klinik noch deprimierter, als ich hineingekommen war, und mit dem Entschluss, das nicht auf mir sitzen zu lassen. Für lange Zeit wurde es gewissermaßen mein Lebensinhalt zu beweisen, dass ich die Wahrheit sagte und nicht an Wahnvorstellungen litt. Erst ein Gutachten führte zu meiner Rehabilitierung. Die Außenbeziehung meines Mannes ist inzwischen unstrittig.

In der Zwischenzeit hatte mein Mann einen schweren Unfall. Um Erwerbsunfähigkeitsrente zu bekommen, musste er den Hof abgeben. Meinen Vorschlag, den Hof an die Kinder zu verpachten, lehnte mein Mann jedoch ab. Er misstraute ihnen. Stattdessen verpachtete er den Hof hinter meinem Rücken, hinter dem Rücken seiner Kinder und gegen den ausdrücklichen Rat des Steuerberaters und des Bauernverbandes an seine Nichte, die den Hof nie bewirtschaftete. Damit hatte er die Beziehung zu seinen Kindern und auch seine Ehe noch mehr beschädigt. Das Leben mit ihm wurde nun noch unerträglicher. Außerdem riet die Familienfachanwältin der Großfamilie meinem Mann, den Pachtvertrag wieder aufzulösen, um so den Vorteil zu haben, vor Gericht als Wiederbewirtschafter zu gelten, und die Scheidung einzureichen, was mein Mann dann auch tat.

Der Scheidungsantrag wurde abgelehnt, weil wir nicht getrennt gelebt hatten. Aber es begann nun ein jahrelanger Kampf vor Gericht um die gemeinsame Ehewohnung und um den Hof. Nun rächte es sich, dass ich so auf die ideellen Werte gesetzt hatte, die Beteiligung an dem Besitz nicht gewollt hatte, mir nicht einmal das Wohnrecht im Haus gesichert hatte und auch nicht sichergestellt hatte, dass unsere Kinder den Hof erben werden. Ich hatte die formale Macht und tradierte Allianzen völlig unterschätzt. Als Folge der Auflösung des Pachtvertrages, der Zurücknahme des Hofes durch meinen Mann und dessen Verzicht auf seine Rente verlor auch ich als fiktive Mitunternehmerin nun auch noch meine Rente der Landwirtschaftlichen Alterskasse. Erst nach einem jahrelangen Rechtsstreit wurde sie mir vom Sozialgericht zuerkannt.

Inzwischen sind wir geschieden und ich habe den Hof verlassen. Es war ein langer trauriger Abschied für mich. Ich musste mein Zuhause, meinen Arbeitsplatz, die Basis meiner Identität und mein Heimatdorf verlassen. Hatte ich den Hof früher manchmal regelrecht gehasst, weil er so alles bestimmend war, so weinte ich nun um ihn. Er war zum Manipulations- und Streitobjekt geworden. Ich hatte mir so viel abverlangt, um ihn zu erhalten, und nun war er der Zerstörung preisgegeben. Da mein Mann sich geweigert hatte, seinen eigenen Nachkommen den Hof zu geben, berechnete sich der Zugewinn auf der Basis des Verkehrswertes. Hinzu kam, dass der Hof bei unserer Eheschließung durch den Übergabevertrag, den mein Mann mit seinen Eltern vorher schon abgeschlossen hatte, drastisch entwertet war.

War ich auch in Bezug auf den Besitz so blauäugig, so kam mir nun wenigstens zu Gute, dass ich das Kaufmännische für den Hof gemacht hatte, wusste, wo ich alles abgeheftet und auch nichts weggeworfen hatte in den letzten 33 Jahren. Ich konnte so alle relevanten Unterlagen für die Berechnung des Zugewinns sicherstellen.

Um den Hof vielleicht doch noch für die Kinder zu retten, habe ich meinem geschiedenen Mann nun angeboten, unter der Bedingung auf die Hälfte des berechneten Zugewinns zugunsten der Kinder zu verzichten, dass die Kinder den Hof erben oder beim Verkauf das Geld plus Zinsen bekommen. Vielleicht lässt er sich ja nun darauf ein, wir schützen so den Hof, geben ihn doch noch an die nächste Generation weiter und sichern so auch unsere Altersversorgung über ihn.

Ich habe mein Zuhause geliebt und auch die Kinder liebten es. Sie haben auf dem Hof eine glückliche Kindheit verbracht. Wir Eltern waren immer erreichbar und für sie da. Wir haben immer die Mahlzeiten zusammen eingenommen. Sie durften auch immer ihre Freunde mitbringen. Sie hatten Hunde, Katzen, Hasen, Pferde und einen Esel.

Das haben sie auch positiv verinnerlicht, vor allem unsere Tochter. Sie hat inzwischen ihren Freund geheiratet und die beiden haben sich einen eigenen alten Bauernhof ganz in der Nähe gekauft und leben nun dort mit Hund, Pferd, Esel, zwei Schweinen und zwei Hühnern. Zwei Rinder sollen noch folgen. Auch unser Sohn, der zwar zurzeit in der Stadt lebt, möchte später wieder auf dem Land leben. Vielleicht kann er ja in sein Elternhaus zurück auf den Hof.

Ich selbst habe eine Wohnung in einem schönen alten Bauernhaus aus der Gründerzeit in der Nähe meiner Tochter gemietet. Meine geliebten alten Möbel passen dort sehr gut hin, sodass mein neues Zuhause meinem alten auf dem Hof, das ich verloren habe, doch ähnlich ist. Ich habe zwar das Dorf, in dem ich geboren wurde und gelebt habe, verlassen, aber meine Heimat ist mir im weiteren Sinne ja geblieben, ich lebe jetzt nur 10 km entfernt. Ich habe auch wieder neue Freundschaften geschlossen, kenne auch schon einige Leute aus dem neuen Dorf und meine Tochter lebt dort. Ich bin sicher, ich werde dort noch einmal Wurzeln schlagen. Ich werde an dem Haus, in dem ich nun leben werde, außerdem einen Garten anlegen, mit Buchsbaum eingefasste Rabatten und vielen Blumen und Sträucher, die mit den Jahreszeiten blühen und die ich dann jeden Tag sehen kann.

Nach Jahren voller Leid, Wut, Hass, Trauer und Depressionen geht es mir nun wieder gut. Ich habe wieder Lebensfreude und schmiede wieder Zukunftspläne. Ich habe einen Nähkurs angefangen, was ich schon seit 33 Jahren wollte, und ich werde als Gasthörerin an der nahe gelegenen Universität Sozialwissenschaften mit Schwerpunkt Politikwissenschaften und Spanisch studieren. In diesem Rahmen werde ich mir auch den Traum erfüllen, an der Uni in Sevilla einen Kurs in Spanisch für Ausländer zu belegen, und mir dabei Andalusien ansehen. Außerdem möchte ich noch viel reisen, nach Ägypten, nach Leningrad, nach Neuseeland ...

Soviel ich auch verloren habe, meine Kinder sind mir geblieben und ich habe ein gutes Verhältnis zu ihnen. Sie sind redliche Menschen und haben beide eine Universitätsausbildung mit Berufen, von denen sie gut leben können. Vielleicht bekomme ich ja auch Enkelkinder, das wäre schön.

Ich werde nun wieder ein selbstbestimmtes Leben führen. Der Hof jedenfalls wird mein Leben nicht mehr bestimmen.

Rosi, Lehrerin und Künstlerin in Baden-Württemberg

Werde ich je wieder lachen können?

Es gibt verschiedene Wege, die auf einen Hof führen können. Meiner war damals – Anfang der 80er Jahre – der oft übliche Weg. Ich bin im Allgäu auf einem kleinen Hof mit sechs Geschwistern aufgewachsen. Die Oma und ein lediger Onkel lebten mit in unserer Familie. Es wurde von uns Kindern erwartet, auf dem Hof und im Haus mitzuhelfen. Früh lernte ich Traktor fahren, Kühe melken, kochen und backen. Als mein Bruder – der spätere Hofnachfolger – zum zweijährigen Ersatzdienst eingezogen wurde, musste ich mit 13 Jahren morgens vor der Schule und abends unsere 20 Kühe melken. Mein Vater hatte das Maschinenmelken nicht mehr gelernt und meine Mutter hatte wegen einer Verletzung am Daumen mit dem Melken aufgehört. Nach einer Unterleibsoperation litt sie einige Zeit an Depressionen. Eine Dorfhelferin kam damals auf den Hof und half uns, diese schwierige Zeit durchzustehen. Seitdem stand mein Berufswunsch fest: Ich wollte Dorfhelferin werden. Nach dem Besuch der zweijährigen Berufsfachschule, die mit dem mittleren Bildungsabschluss endete, habe ich eine Ausbildung in der ländlichen Hauswirtschaft aufgenommen. Auch hier war ich auf einem Hof tätig und fühlte mich in der ländlichen Umgebung sehr wohl. Danach habe ich drei Semester die Landwirtschaftsschule Fachrichtung Hauswirtschaft besucht. In dieser Zeit habe ich meinen späteren Ehemann kennengelernt. Eine schwierige Entscheidung stand an: Werde ich meine Ausbildung zur Dorfhelferin weiterverfolgen? Dies würde einen Umzug in den Freiburger Raum bedeuten. Oder bleibe ich der Liebe wegen im Allgäu? Ich bin im Allgäu geblieben und habe im Alter von 20 Jahren auf den Hof meines Mannes eingeheiratet. Im Jahr darauf habe ich die Ausbildung zur Meisterin in der ländlichen Hauswirtschaft begonnen.

Der Hof hatte eine wunderschöne Lage. Wenn man aus der Haustür trat, lag das ganze Alpenpanorama vor einem ausgebreitet. Mit 50 Kühen, den dazugehörenden Wiesen, 10 ha Wald und Ferienzimmern war er damals einer der größeren Vollerwerbsbetriebe. Die Tage waren ausgefüllt mit all der Arbeit in Haus, Hof und Stall. Meine Schwiegermutter war mit unserer Heirat in das einige Kilometer entfernte Altenteilerhaus gezogen und kam nur noch tagsüber auf den Hof. Als selbstverständlich wurde erachtet, dass ich all ihre Aufgaben in Stall und Feld und die Versorgung der Feriengäste übernahm. Es war schwer, ihr etwas recht zu machen. Was ich auch tat, es gab immer etwas daran auszusetzen. Auf meine Vorschläge, etwas anders zu machen oder gar im Haushalt etwas anzuschaffen, kam immer zuerst derselbe Kommentar: „Das ist nichts, das taugt nichts, das brauchen wir nicht." Grundsätzlich wurde alles, was ich machte oder sagte, immer abgewertet. Respekt galt allenfalls Pfarrern und Beamten. Meine Herkunft von einer kleinen „Klitsche" und meine Eltern, die ihren sieben Kindern „nichts mitgeben konnten", wurden mir immer wieder vorgehalten. Mein Schwiegervater blieb damals bei uns auf dem Hof. Mit ihm bin ich immer gut ausgekommen. Er hielt sich aus allem raus. Wie sehr hatte ich mir gewünscht, dass sich mein Mann einmal zu mir stellte. Aber immer, wenn es kritisch wurde, galt auf dem Hof selbstverständlich und unwidersprochen das Wort der Schwiegermutter und die Meinung meines Mannes.

Nach und nach kamen unsere vier Kinder auf die Welt, die Nächte wurden kürzer und die Tage voller und auch reicher. Ich bin sehr gerne Mutter. Sehr gerne denke ich an die Zeit ihrer Geburt zurück. Ich habe die erste Zeit des Stillens sehr genossen. Ich genoss es, unter den großen Eichen hinten bei den Feldern zu sitzen und mein Kind zu stillen. In der Zwischenzeit hat meine Schwiegermutter das Heu gewendet.

Später waren die Kinder ganze Nachmittage zusammen unterwegs, haben am Bach gespielt und mit den Nachbarskindern Waldhütten gebaut. Abends konnte man ihre Hosen alleine hinstellen vor Schmutz, aber sie waren zufrieden und glücklich. Die Kinder – heute sind sie alle erwachsen – sagen, dass diese Freiheit und Weite für sie sehr schön war. Sie wünschen sich für ihre Kinder, dass die es später auch so erleben können.

Auch ich habe schöne Erinnerungen an den Hof. Ich liebte es, den Wechsel der Jahreszeiten so hautnah mitzuerleben und durchzuarbeiten. Das Heumachen: mit dem Traktor auf den Wiesen meine Runden ziehen, das Heu kreiseln und schwaden, der Duft von Heu. Oft bin ich am Abend nach dem Melken nochmals mit dem Handrechen raus, um den Graben auszurechen. Das habe ich gerne gemacht. Die Ruhe, die über den Wiesen lag, der Wald dahinter in der Dämmerung und manchmal kamen schon die Rehe an den Waldrand. Oft habe ich auf dem Heimweg gesungen: „'S isch Feierabend, 's isch Feierabend, das Tagwerk ist vollbracht, 's geht jeder seiner Heimat zu, ganz leise steiget die Nacht."

Die Feriengäste, die vor allem in den Sommermonaten bei uns waren, habe ich gerne versorgt. Viele kamen jedes Jahr und es haben sich herzliche Freundschaften entwickelt. Eine Familie aus dem Rheintal brachte einmal ein kleines Fässle Wein, das wir abends zusammen mit meinem ganzen Vorrat an selbst gemachtem Camembert in fröhlicher Runde geleert haben.

Wenn ich zurückdenke, dann ist das Arbeiten in der Natur und mit der Natur und mit den Tieren eine gute Erinnerung. Schon in meiner Kindheit wurde mir ein tiefer Respekt gelehrt vor den Lebensmitteln, die gewachsen sind und von uns geerntet wurden. Und so habe ich das Obst und Gemüse verarbeitet und für den Winter haltbar gemacht. Es hat mich auch interessiert, wie Milch weiterverarbeitet werden kann. So habe ich nach und nach die Herstellung von Joghurt, Frischkäse, Schnitt- und Hartkäse erlernt. Und so konnte ich in Zeiten der Milchquotierung die Milchprodukte für

unseren Haushalt und darüber hinaus selber herstellen. Die Käse-
herstellung hat mir sehr viel Spaß gemacht.

Da die Bezahlung für Schlachtvieh zeitweise sehr schlecht war,
habe ich begonnen, das Fleisch von unseren Schlachttieren selber
zu vermarkten und Wurst und Rauchfleisch herzustellen. Nach und
nach hat sich ein großer und interessierter Kundenstamm gebildet.
Mich hat der direkte Kontakt mit den Kunden befriedigt. Es kam so
viel Wertschätzung für gute Produkte zurück, leider nur von den
Kunden und nie von meinem Mann und meiner Schwiegermutter.
Es war nie genug, was ich gearbeitet hatte, und selten war „Mann"
mit meiner Arbeit zufrieden. Im Rückblick denke ich manchmal,
dass ich deshalb so viel Zusätzliches gemacht habe, um Anerkennung zu bekommen. Leider ist mir das nicht gelungen. Wir führten
schwierige und erniedrigende Auseinandersetzungen, die uns immer mehr voneinander entfernten. Dazu kamen körperliche Be-
schwerden. Als ich zu einer notwendigen Kur an der Nordsee weil-
te und meine Lebenssituation aus der Distanz betrachtete, war dies
sehr schwierig für mich. In dieser Zeit kannte ich noch keine Frau,
die im Allgäu einen Bauernhof verlassen hat. Und so kam mir diese Möglichkeit gar nicht in den Sinn. Trotz Bemühungen mit Eheberatung verschlechterte sich unsere Situation. Irgendwann war ich
an dem Punkt, an dem mir klar wurde: Ich kann nur auf dem Hof
weiterleben, wenn ich meine Selbstachtung aufgebe, wenn ich
nicht mehr auf mich selbst und mein Befinden achte. Aber das ging
zu dieser Zeit schon nicht mehr. Es wurde mir zunehmend deutli-
cher, dass ich so nicht mehr weiterleben konnte. In dieser Zeit war
mein Selbstwertgefühl ganz am Boden. Ich habe nicht mehr gewusst, ob ich auch nur irgendwas kann, ob ich irgendwelche Fähigkeiten habe. Ich hatte mein Selbstwertgefühl abhängig gemacht
von der Einschätzung, die mein Mann von mir hatte. Das Drängen
des Eheberaters zu einer klaren Entscheidung, in welche Richtung
wir weiterarbeiten wollten, machte mir klar: Es gab nur noch eine
Richtung: die Trennung von meinem Mann und dem Hof – auch

wenn ich keinerlei Vorstellung davon hatte, wie das aussehen könnte. Meine Ängste vor einer veränderten Lebenssituation lähmten mich. Von was werde ich leben? Was werde ich arbeiten? Was sagt meine Familie, mein Umfeld dazu? Werde ich ausgegrenzt? Wie werden die Kinder behandelt? Wie kommen die Kinder mit dieser Situation klar? Ich traute mich noch nicht, den großen Schritt der Trennung zu machen. Die Angst davor und vor dem, was danach kommen würde, war zu groß. In der Hoffnung, dass das Zusammenleben etwas leichter würde, wenn ich zeitweise vom Hof weg sein würde, habe ich eine Weiterbildung angefangen. Diese Weiterbildung war eine Voraussetzung für meine spätere Ausbildung zur Technischen Lehrerin.

Die Situation hat sich aber zugespitzt, verbale Auseinandersetzungen nahmen zu und der Ton wurde immer entwürdigender. Irgendwann war der Punkt erreicht, an dem mir ganz klar wurde, dass ich handeln musste. Ich machte mich auf die Suche nach einer Wohnung. Als alleinerziehende Frau mit vier Kindern ist das ein Hindernislauf. Oft wurde ich nicht einmal zu einem Besichtigungstermin eingeladen. Bewusst wollte ich nicht weit weg ziehen, damit die Kinder ohne großen Aufwand ihren Vater und die „alte Heimat" besuchen könnten. Vier Kilometer weiter konnte ich dann eine neu gebaute Haushälfte mieten.

Zum Zeitpunkt des Auszugs war mein ältester Sohn gerade 14 Jahre alt – also das Alter, in dem er selber entscheiden konnte, bei welchem Elternteil er leben wollte. Er hat sich entschieden, bei seinem Vater zu bleiben. Es war so schwer für mich, ihn dort zu lassen. Viele Tränen habe ich vergossen und trotzdem gewusst, dass ich seinen Willen respektieren muss. Den Tag des Auszugs werde ich nie vergessen. Er wurde zum schlimmsten Tag meines Lebens: Neben all den zwischenmenschlichen Reibereien die Kraft aufzubringen, die wichtigsten Dinge zusammenzupacken, ging damals absolut an die Grenze meiner seelischen und körperlichen Kraft. Wenige treue Menschen haben mir geholfen, meine Sachen zu packen. Am Abend meines Auszugs bin ich dann in meinem spartanisch eingerichteten Wohnzimmer gesessen – als Tisch eine mit einer Tischdecke zugedeckten Kiste – bei klassischer Musik und einem Glas Wein und mit einem Blumenstrauß. Meine Freundin meinte, die wären an dem Tag wichtiger als ein Essen. Ich war tieftraurig und in meinem Innersten erschüttert. Einerseits erleichtert, dass ich es geschafft hatte, mich aus allem herauszulösen, und nun diesen lange unvorstellbaren Schritt hinter mir hatte. Gleichzeitig war ich davon überzeugt, dass ich in meinem Leben wohl nie mehr würde lachen können.

Die Zeit danach war voller Schuldgefühle meinen Kindern gegenüber, dass ich ihnen die Familie, den Lebensraum genommen hatte. Mit der Frage, wie wichtig man das eigene Wohlbefinden nehmen dürfe, wenn dadurch andere leiden müssten, zermarterte ich mein Gehirn. Daneben waren Geldnot und Existenzangst ständige Begleiter. Ich hatte mir fest vorgenommen, kein Sozialfall zu werden. Irgendwie wollte und musste ich es schaffen, wieder auf die Beine zu kommen. Von meiner eigenen Familie hatte ich nicht die seelische und moralische Unterstützung, wie ich sie mir gewünscht hätte. Mein Vater kommentierte meinen Auszug mit den Worten, dass ich mir nicht alles gefallen lassen müsse. Ich las daraus, dass er mich verstand, und dafür bin ich ihm unendlich dankbar. Meine Mutter beweinte nur, dass ich jetzt alle Segnungen der katholischen Kirche verloren hätte. Es tat mir gut, dass von den Bäuerinnen und Bauern in der Nachbarschaft und im Dorf viele meinen Schritt verstanden und mir gegenüber wohlwollend reagiert haben.

Es war klar für mich, dass ich eine Arbeit finden müsste. Lange habe ich überlegt, was ich kann und was ich gerne arbeiten würde. Das erste halbe Jahr nach der Trennung habe ich verschiedenste Arbeiten angenommen, damit ich uns versorgen konnte: Auf einem Hof habe ich eine Hofkäserei aufgebaut und gekäst, auf einem Geflügelbetrieb Hähnchen geschlachtet, an einer Schule mit einem kleinen Lehrauftrag unterrichtet und bei unserem Stadtpfarrer den

Haushalt sauber gehalten. Jede ehrliche Arbeit war für mich in Ordnung. In der Zeit auf dem Hof hatte ich Vorträge bei den Landfrauen zum Thema Milchverarbeitung gehalten. Wissen weitergeben hatte mir auch bei der Ausbildung der Lehrlinge Spaß gemacht. Nach einem halben Jahr habe ich deshalb die Ausbildung zur Technischen Lehrerin aufgenommen. Dies waren harte und arbeitsintensive eineinhalb Jahre. Schön war, dass mich dabei so viele unterstützt haben. Menschen, die sich bereit erklärt haben, auf die Kinder zu schauen, wenn ich in der Schule war und damit ich lernen konnte. Meine Kinder haben mich mit ihren jeweiligen Fähigkeiten unterstützt – wir waren ein gutes Team. Diese Ausbildung war sehr wichtig für mein Selbstwertgefühl. Ich wollte unsere Existenz darauf aufbauen, was aber einen immensen Druck erzeugt hat. Daneben war es mir sehr wichtig, das Befinden meiner Kinder im Auge zu haben. Wie geht es ihnen? Wie kommen sie mit der Situation klar? Wirkt sich die neue Lebenssituation auf ihre schulischen Leistungen aus? Ebenso musste und wollte ich an dem verwundeten Kern in meinem Inneren arbeiten. Ich wollte verstehen, wieso es so gekommen war. Was waren die Anteile, für die ich verantwortlich bin? Wofür muss ich keine Verantwortung übernehmen? Die Schlafprobleme, die mich während der Ehe schon geplagt hatten, setzten sich fort. In den Nächten konnte ich meine Ängste nicht mit Arbeit überdecken. Da waren sie groß und schienen oft unüberwindlich. Irgendwann habe ich meine Einstellung zu der „schlaflosen Zeit" geändert. Viele gute Gedanken und wegweisende Einstellungen haben sich in der Nacht entwickelt.

Die anstrengende Ausbildungszeit und nervenaufreibende Prüfungszeit war vorbeigegangen und das Warten auf eine Stelle hatte begonnen. Es war ein Freudengeheul in unserem Haus, als ich die Nachricht bekommen habe, dass ich an meiner Wunschschule das gewünschte Deputat einer Dreiviertelstelle erhalten würde, als Beamtin zur Probe. Für mich ist es bis heute eine unglaubliche Beruhigung, am Ersten des Monats das Gehalt auf das Konto zu bekommen und eine unkündbare Stelle zu haben. Das gibt Sicherheit, vor allem nach den geldknappen Zeiten. Die Anfangsjahre als Lehrerin waren sehr arbeitsintensiv. Ein Materialfundus musste gesammelt und für die verschiedenen Klassenstufen zusammengestellt werden. Aber ich habe auch gespürt, dass ich einen Beruf ausgewählt habe, der mir liegt und den ich gerne ausübe. Ich mag junge Menschen und unterrichte sie gerne. Dass ich einen kleinen Beitrag leisten darf zu ihrer Persönlichkeitsentwicklung und zu der schulischen Bildung, befriedigt mich. Das in meiner hauswirtschaftlichen Ausbildung erlernte Wissen kann ich nun sehr gut verwenden. Ich unterrichte Nahrungszubereitung, Textilarbeit und Werken in verschiedenen Schularten der beruflichen Schule. Die Berufsschüler in der Hauswirtschaft unterrichte ich besonders gerne – war ich auf dem Hof doch selbst zehn Jahre Ausbilderin.

In Miete zu wohnen, hat mir dagegen nicht gefallen. Und so habe ich angefangen, einen Grundstock anzusparen, in der Hoffnung, vielleicht irgendwann einmal eine eigene Wohnung zu haben. Verstärkt wurde der Wunsch, als ich nach der Scheidung meine Rentenwerte zugesandt bekommen habe. 17 Jahre auf dem Bauernhof haben einen Rentenwert von 125 Euro ergeben! Nun war ich also fast 40 Jahre alt und hatte einen solch niedrigen Rentenanspruch. Bei einer Rentenberatung wurde mir nahegelegt, eigenen Wohnraum zu kaufen, damit später in der Rentenzeit keine Ausgaben für Miete anfallen würden. Als nach vier Jahren in unserer Mietwohnung vom Eigentümer Eigenbedarf angemeldet wurde, stand eine weitere große Entscheidung an: Suche ich uns eine Mietwohnung oder suche ich was Eigenes? Bei der Besichtigung eines Rohbaus im Neubaugebiet unserer Stadt habe ich mich beim ersten Schritt über die Schwelle in dieses lichtdurchflutete Haus verliebt. Ich fühlte mich wie im Traum, als mein Finanzierungskonzept geprüft und für gut und machbar befunden wurde. Eine spannende Erfahrung war es, als Frau alleine als Bauherrin aufzutreten und auf der Bank Kredite zu verhandeln.

So sind wir nach vier Jahren in der Mietwohnung in unser Haus gezogen. Ich wollte den Kindern eine neue Heimat schaffen, wo sie sich richtig wohlfühlen, bevor sie dann in ihr eigenes Leben gehen. Wir alle fühlen uns sehr wohl in unserem neuen Zuhause. Ein Platz zum Leben, wo gegenseitiger Respekt und ein friedliches Miteinander gelebt werden können. Als mir eine Nachbarin einmal zurückmeldete, dass auf keiner Terrasse so viel gelacht würde wie bei uns, wusste ich, dass ich angekommen bin. In meinem Leben!

Das Verhältnis zu meinen Kindern ist geprägt von einem tiefen Verständnis, von gegenseitiger Achtung und Zuneigung. Auch die anfänglichen Schwierigkeiten mit meinem ältesten Sohn haben sich gelegt. Es war ein großer Wunsch von mir, dass aus meinen Kindern gradlinige und aufrechte junge Menschen werden. Und das sind sie geworden. Es ist schön zu beobachten, wie sie ihr Leben in die Hand nehmen, Schule und Ausbildungen gut abschließen, erfolgreich Meisterprüfung bzw. Studienabschlüsse erreichen. Durch unsere Lebenssituation haben sie gelernt, dass man im Leben nichts geschenkt bekommt. Aber sie haben auch gelernt, dass es sich lohnt, für ein Ziel zu arbeiten, an was dran zu bleiben. Sie haben mir schon öfter mitgeteilt, dass ich ihnen in diesem Punkt ein Vorbild bin.

Eine sehr schöne Entwicklung hat sich im Freizeitbereich ergeben. Als unser Haus fertig war, habe ich nach einem großen Bild für das Wohnzimmer gesucht. Nur wenige haben mir gefallen. Und die mir gefallen hätten, waren viel zu teuer. Und dann habe ich in einer Ausstellung Bilder gesehen, die mich fasziniert haben. Ich wusste sofort, diese Technik will ich lernen. Nachdem ich die Künstlerin ausfindig gemacht hatte, habe ich einen Workshop „Großflächiges Malen auf Struktur" besucht. Das war so eine Art Initialzündung. Es hat mir so viel Spaß gemacht. Dieses Hobby wollte ich ausbauen und für mich malen zu Hause. Autodidaktisch habe ich weitergearbeitet. Später wurde ich gefragt, ob ich eine Ausstellung in einer Praxis machen würde. Das konnte ich mir nicht vorstellen

– ich hatte keine Ahnung, ob die Bilder überhaupt gut genug zum Ausstellen waren. Den Ausschlag dafür, dass ich dann doch ausgestellt habe, gaben meine Kinder. Eines der Kinder wollte eine neue Querflöte und ich hatte kein Geld dafür. Meine jüngste Tochter hatte dann die Idee: „Mama, male ein paar Bilder und verkaufe sie, dann kannst du eine Flöte kaufen." Ich musste lachen – wo bitte ist das Problem – und habe zugesagt, eine Ausstellung zu machen mit dem Gedanken, dass man die Dinge nehmen muss/kann, die auf einen zukommen. Die Kinder habe ich mit einbezogen. Ich sagte ihnen, dass zu jeder Ausstellungseröffnung Musik dazugehört. Und wenn sie sich schon einig seien, dass es eine neue Querflöte geben solle, dann sei das ihr Part. Es war sehr berührend für mich, als die drei da vorne standen und musiziert haben und an den Wänden meine Bilder hingen. Man gibt beim Malen sein Inneres preis, für andere sichtbar. Schön war es, dass es wirklich für eine Querflöte gereicht hat. Das war der Anfang einer ganzen Reihe von Ausstellungen. Mittlerweile hängen meine Bilder in Deutschland, Österreich, der Schweiz, Italien und Amerika. In dem urigen Ambiente einer Tenne biete ich mittlerweile Malkurse an. Es macht mir große Freude, Frauen zu ermutigen, sich zu trauen mit Farben umzugehen. Sie sind nach diesen Malwochenenden stolz auf sich und freuen sich an dem, was sie gemacht haben. Malwochen in Italien runden mein Programm ab.

Seit eines der Kinderzimmer leer ist – eine Tochter ist ausgezogen –, habe ich ein Atelier eingerichtet und kann dort arbeiten, wann immer ich Zeit und Muße habe.

Ich habe heute ein sehr schönes, reiches und erfülltes Leben. Ja, ich habe ein hohes Maß an Zufriedenheit erreicht. Es war ein harter und langer Weg, den ich gegangen bin, den ich gehen musste. Und trotzdem kann ich heute sagen, dass ich den richtigen Weg für mich gewählt und gegangen bin. Wenn mir jemand im Alter von 35 Jahren gesagt hätte, wie gut es mir mit 50 gehen würde, ich hätte ihn für komplett verrückt erklärt. Es hat sich so vieles positiv verändert in meinem Leben. Der größte Gewinn für mich ist, dass ich mit den Kindern in einem friedlichen positiven Umfeld leben kann, wo wir uns gegenseitig wertschätzen und die Meinungen gegenseitig respektieren.

Ich war sehr gerne Bäuerin und der Abschied von diesem Beruf und dem Hof ist mir schwer gefallen. Schwierig war auch, das Idealbild von der Familie aufzugeben. Ich habe als Lehrerin einen Beruf gefunden, der mich wieder befriedigt und den ich gerne ausübe. Und dieser Beruf bringt es mit sich, dass ich noch zusätzlich ein kostbares Gut zur Verfügung habe: Freizeit. Freie Zeit, über die ich verfügen kann – Zeit für Erholung und Entspannung, Zeit für Besuch und Besuche. Zeit für Urlaub, Zeit zum Leben. Zeit, um Freundschaften zu pflegen, für tiefgehende Begegnungen. Ich habe einen Platz gefunden, an den ich gehöre. Ich habe mir und meinen Kindern eine neue Heimat geschaffen. So definiere ich Glück und Zufriedenheit. Ein großes Glück ist, dass ich Freunde hatte, und ich habe auf diesem Weg Menschen, auf die ich mich verlassen konnte, Menschen, die mich auf unterschiedliche Weise unterstützt haben, kennengelernt. Geholfen hat mir auch, dass ich eine positive Lebenseinstellung habe und ein optimistischer Mensch mit Humor bin. Jammern hilft nicht weiter. Froh bin ich um die Kraft, in schwierigen Situationen nicht aufzugeben, sondern auch dann noch nach Lösungen suchen zu können. Selbst in schweren Zeiten bin ich nicht bitter geworden. Ich bin auf die Füße gefallen.

Einen Traum habe ich noch. Die Vision von einer Beziehung, die mich tief innen berührt. Wo ich die Frau sein darf, die ich bin. Wo der andere der sein darf, der er ist. Ich bin gespannt, was das Leben noch für mich bereithält. Und ich bin so froh, dass ich wieder aus tiefem Herzen gerne und oft lachen kann.

Doris, Postzustellerin in Nordrhein-Westfalen

Ich vermisse die Weite des Hofes, das Moor und den Mittellandkanal

Gepflegte Gärten, Einfamilienhäuser, die sich aneinanderreihen, umringt von Lebensbäumen und Zypressen. Mit meinem gelben Postfahrrad fahre ich durch die Straßen dieser Wohngebiete, um die Post zu verteilen. Laubbäume sind hier nicht erwünscht, denn sie verlieren im Herbst ihr Laub, das beseitigt werden muss.

Auf unserem Hof haben mich die mächtigen Linden und Eichen immer beeindruckt. Zusammen mit meiner jüngeren Schwester bin ich hier aufgewachsen, als Kinder haben wir im Schatten dieser Bäume gespielt, später im Hof das Fahrradfahren gelernt und manches Geschicklichkeitsfahren ausgeführt. Das Mithelfen auf dem Hof gehörte ebenso selbstverständlich dazu wie das Spielen auf dem Hof. Eine von uns beiden sollte den Hof einmal übernehmen. Entscheiden sollte, wer den geeigneteren Mann dafür „mitbringen" würde. Unausgesprochen, aber dennoch spürbar, stand diese Erwartung seit meiner Kindheit immer im Raum. So machten sowohl meine Schwester als auch ich nach dem Schulabschluss die Ausbildung zur Ländlichen Hauswirtschafterin und legten später auch beide die Meisterprüfung ab. Jeweils auf Fremdbetrieben, das war meiner Mutter wichtig. Nach der Ausbildung war ich in einem Internat, um die Fachschule zu absolvieren, und arbeitete als Betriebshelferin. Meine Schwester war sogar ein Jahr im Ausland. Und dann entschied, wie vorgesehen, unsere Männerwahl auch gleichzeitig über den Hof. Meine Schwester heiratete auf einen anderen landwirtschaftlichen Betrieb ein und kam damit nicht mehr in Frage. Ich heiratete zwei Jahre später einen Mann, der Landwirtschaft studiert hatte, selbst keinen Hof hatte und in einem Angestelltenverhältnis beschäftigt war. Damit war entschieden, dass wir den Hof einmal weiterführen würden. Wir zogen auch auf den Hof, mein Mann behielt aber weiterhin seine Arbeitsstelle außerhalb und ich arbeitete als Betriebshelferin bis zur Geburt unserer Kinder weiter. Schon während der Erziehungszeit integrierte ich mich wieder in die Arbeiten des Hofes und danach musste ich meine Stelle aufgeben, da ich meiner Mutter die Betreuung der Kinder nicht zumuten wollte.

Damit war ich also auf dem Hof angekommen. Es war eine gute Zeit. Mit meinen Eltern gemeinsam versorgte ich die 40 Kühe mit Nachzucht und bewirtschaftete die zugehörigen Felder und Wiesen. Ich war für das Melken zuständig. Dazwischen kamen die Kinder, Haushalt und all die anderen Arbeiten rund um den Hof. Mein Mann half am Wochenende tatkräftig mit. Schon mit der Geburt unseres Sohnes – nach zwei Töchtern nun der ersehnte Enkelsohn – war das Glück meines Vaters komplett. Der Fortbestand des Hofes schien für weitere zwei Generationen gesichert. Und das Interesse an den Tieren war ihm tatsächlich schon in die Wiege gelegt. Er kannte die komplette Nachzucht. Mit sechs Jahren machte er mit einem Kalb den ersten Platz bei der Kreistierschau beim Jungzüchterwettbewerb. Unsere zwei Jahre später geborene Tochter stand, was den Hof betraf, immer außerhalb jeglicher Erwartungen.

Damit war nun zwar die Frage der Hofübernahme gelöst, nicht aber die Frage, wie der Betrieb weitergeführt werden sollte. Diese Frage stand immer wie ein Schatten hinter der jungen und der alten Familie.

Mein Vater war sehr dominant. Er hat alle Entscheidungen stets alleine getroffen. Meine Mutter stand immer in seinem Schatten. Sie half im Stall und auf dem Hof mit und pflegte über mehrere Jahre ihre Schwiegermutter. Obwohl das Verhältnis zwischen diesen beiden Frauen immer schwierig war, kam nie der Gedanke auf, diese Pflege nicht zu übernehmen. Es war ganz selbstverständlich, dass Oma bis zu ihrem Tod auf dem Hof bleiben würde. Diskussionen gab es nicht, so wie überhaupt sehr wenig gesprochen wurde. Und wenn doch mal unterschiedliche Meinungen im Raum standen, setzte mein Vater lautstark seine eigene durch. Er arbeitete hart und viel, hegte und pflegte seine Maschinen. Alles war immer 100 Prozent und keiner konnte es besser als er. So durften weder ich noch mein Mann, obwohl er sich sehr auf dem Hof engagierte, mit dem Trecker fahren.

Mein Vater hatte den Hof nie verlassen, nie etwas anderes kennengelernt. Nach dem frühen Tod seines Vaters musste er damals dessen Rolle übernehmen und war seitdem nie mehr als ein oder zwei Nächte weggekommen. Erst nach dem Tod seiner Mutter, als wir bereits auf dem Hof lebten, haben sich meine Eltern nach 40 Ehejahren eine Woche Urlaub gegönnt. Mein Mann war als Außendienstmitarbeiter in einer Genossenschaft für die Vermarktung und Zucht von Rindvieh zuständig. Er hatte studiert und im Laufe seiner Ausbildung und seiner Berufstätigkeit sehr viele Höfe und Ställe kennengelernt. Es prallten Welten aufeinander und die beiden Männer hatten Probleme, miteinander auszukommen. Es war ein ständiger Konkurrenzkampf. Seinen Wunsch, etwas Eigenes auf dem Hof aufzubauen, konnte mein Mann nicht verwirklichen.

Als Vater dann „ganz plötzlich" mit 65 Jahren ins Rentenalter kam, war für ihn eine Hofübergabe noch unvorstellbar. Selbst nach schweren Erkrankungen mit langen Krankenhaus- und Reha-Aufenthalten war er noch der Meinung, dass „man seine Hose nicht eher auszieht, als man zu Bett geht". Eine Verpachtung des Hofes wäre das äußerst Denkbare gewesen. Es sollte auf alle Fälle alles so bleiben, wie es schon immer gewesen war.

Mein Mann und ich hätten den Hof sehr gerne übernommen, um jetzt die Weichen für die Zukunft zu stellen. Da der Hof mit 40 Kühen in Anbindehaltung als Vollerwerb für die ganze Familie zu klein war und die Investitionen zu groß gewesen wären, war unser Plan, dass mein Mann seine Stelle nicht aufgeben würde. Ich hätte den Hof sehr gerne in eine GbR mit Berufskollegen eingebracht und in Kooperation mit diesen bewirtschaftet. Damit hätten wir alle gut leben können und unser Sohn hätte später aufs Neue entscheiden können, ob und wie er den Hof in seine Zukunftspläne einbinden will.

Leider blieben alle unsere Anläufe, meinen Vater von dieser Lösung zu überzeugen, erfolglos. Er blieb bei seinem Angebot: eine Verpachtung des Hofes, bei der die Entscheidungen weiterhin von ihm getroffen werden.

Bis hierher hatte ich immer vermittelt zwischen meinem Vater und meinem Mann. Immer in der Hoffnung, dass sich diese Probleme mit der Hofübernahme von alleine lösen würden. Jetzt musste ich mich entscheiden, denn so konnte es nicht mehr weitergehen. Beide hatten wir vollen Einsatz für den Betrieb geleistet und nun fehlte das Vertrauen der älteren Generation, uns den Hof zu übergeben. Wir hatten keine Chance, etwas Eigenes aufzubauen. Das war bitter.

Die Entscheidung, den Hof zu verlassen, fiel nicht über Nacht. Aber in den ganzen Verhandlungen mit meinem Vater bahnte sie sich langsam an. Wir begannen, uns nach einem Haus umzusehen, und fanden dieses im Nachbarort. Abends vor dem Notartermin haben wir meine Eltern vor vollendete Tatsachen gestellt. Es war wie immer. Es wurde nicht viel geredet. Kein Vorwurf, noch nicht mal ein lautes Wort. Es verging noch ein Jahr bis zum Auszug. Bis dahin lief alles weiter, als ob sich nichts ändern würde. Erst nach unserem Auszug wurden die Flächen an meine Schwester verpachtet und die Milchquote und die Kühe verkauft. Meine Eltern haben noch drei Monate alleine weitergemolken. Ich war nicht auf dem Hof, als die Kühe den Stall verlassen haben. Da war ich feige. Das hätte ich nicht ertragen. Den leeren Stall habe ich noch ganz lange Zeit später nicht betreten können.

Auch den Kindern, damals 12 und 14 Jahre alt, ist der Abschied vom Hof sehr schwer gefallen. Als wir nach der ersten Nacht in unserem neuen Haus aufgewacht sind, haben wir alle drei geheult.

Fünf Jahre ist das nun schon her, seitdem wir den Hof verlassen haben und in diesem Einfamilienhaus leben, das rundherum von anderen Häusern umgeben ist. Ich arbeite seitdem als Dorfzustellerin bei der Post. Noch immer überwiegt die Wehmut, wenn ich zurückblicke. Ich vermisse die Arbeiten im Jahresablauf. Wo jede Jahreszeit ihre eigenen Arbeiten, Farben und Gerüche hatte. Meine Arbeit heute ist das ganze Jahr dieselbe. Nur, dass es im Winter kalt ist und zu Weihnachten mehr Arbeit gibt. Das einzig Positive ist, dass ich heute sonntagabends nicht mehr in den Stall zum Melken muss.

Noch heute finde ich es schön, die Jahreszeit ohne Kalender wenigstens an den Bäumen abzulesen. Um den einzigen Eichbaum in unserer Siedlung in dem Garten unseres Einfamilienhauses kämpfe ich jedes Jahr aufs Neue.

Ich vermisse die Weite des Hofes, das Moor und den Mittellandkanal. Ich habe mich immer gern um die Tiere gekümmert und den Hund. Ob ich diese Entscheidung heute noch einmal so treffen würde, ich weiß es nicht. Den Hof konnte ich verlassen, die Verantwortung jedoch nicht. Das schlechte Gewissen bleibt!

Marlies, Verkäuferin in Baden-Württemberg

Das war meine Welt

Nur einmal meine Ruhe haben, nur einmal um 16 Uhr Feierabend haben und keine Kühe mehr melken müssen, wie sehr habe ich mir dies immer gewünscht. Schon als Kind war mir klar, dass ich nie Bäuerin werden würde, da ich nie so viel arbeiten wollte wie meine Mutter.

Meine Eltern hatten Anfang der 60er Jahre einen Aussiedlerhof gebaut, mit allem, was damals dazugehörte. Sowohl im Stall als auch draußen auf dem Feld. Mein Vater starb nur acht Jahre später, ich kam gerade in den Kindergarten. Meine Mutter brachte den Hof mit der Hilfe von Betriebshelfern und Bekannten über die Runden, bis mein Bruder und ich mithelfen konnten. Es war eine harte Zeit. Die Arbeit ging immer vor. Erst wurde das Heu gemacht, und wenn dann noch schönes Wetter übrig war, durften wir ins Schwimmbad. Da ab und zu noch schönes Wetter übrig war, habe ich sogar das Schwimmen gelernt. Trotzdem war mein großer Wunsch: einmal keine Kühe mehr melken zu müssen und Feierabend zu haben wie andere auch!

Heute muss ich keine Kühe mehr melken, habe eine eigene Wohnung, in der ich oft ab 16 Uhr alleine bin. Noch keinen einzigen Tag konnte ich das genießen. Heute sitze ich oft in meiner Wohnung und weine um die Kühe, die ich nicht mehr melken darf!

Nach der Schule wollte ich Kindergärtnerin werden. Da dies alle anderen Mädchen damals auch werden wollten, wurde mir geraten, etwas anderes zu machen. Hauswirtschaft, war der Rat der Berufsberatung des Arbeitsamtes. Da dies meinem Zweitwunsch, dem Hotelfach, sehr nahe kam, willigte ich ein. Hauptsache: weg vom Hof! So ging ich zur Fremdlehre auf einen anderen Hof und fand dort auch zunehmend Gefallen am Hofleben und -arbeiten. Ich war 20 Jahre alt, als ich meinen späteren Mann kennen und lieben gelernt habe – einen Bauernsohn, der Erstgeborene von fünf Geschwistern. Damals besuchte ich die Landwirtschaftsschule und arbeitete im Sommersemester als Betriebshelferin. Als wir heirateten, lebten außer einer Schwester, die damals schon verheiratet war, noch alle auf dem Hof – mit den Eltern und einer 80-jährigen Oma. Dazu noch Milchkühe, Bullen, Schweine und 1000 Hühner.

Wir lebten alle unter einem Dach. Unsere kleine Wohnung war auf zwei Stockwerke verteilt. Zuerst ging ich noch als Betriebshelferin arbeiten, somit wurden auch die Mittags- und Abendmahlzeit an einem Tisch eingenommen. Als unsere Tochter zu Welt kam und ich nicht mehr arbeiten ging, haben wir uns geeinigt: Ich koche und bleibe bei Kind und Hof und die Schwiegermutter geht mit aufs Feld. Alles spielte sich in Schwiegermutters Haushalt ab, nur sonntags kochte ich für meine kleine Familie in meiner Küche. Natürlich ging ich auch morgens und abends in den Stall. Meine Hauptaufgabe war das Melken. Diese Arbeit teilte ich mit meiner Schwiegermutter.

Es war nicht immer einfach, mich in der Großfamilie zurechtzufinden. Der Schwiegervater war eine dominante Persönlichkeit, sein Wort galt. Wurde es einmal nicht befolgt, lies der Vorwurf nicht lange auf sich warten: „Hättet ihr gemacht, was ich gesagt habe, dann ..." Trotzdem hatte ich immer ein gutes Verhältnis zu ihm. Er hat mich auch immer gefragt: „Könntest du?" oder „Würdest du?" und nie: „Du musst." Meine Schwiegermutter war sehr fleißig und unermüdlich, dies ist übrigens bis heute so geblieben. Die arme Frau kennt nichts außer Arbeit, für alle da zu sein und sich aufzuopfern. Sie ist die gute Seele in Haus und Hof. Zwei Brüder meines Mannes, die zwar berufstätig waren, aber nach Feierabend, an den Wochenenden und in ihrem Urlaub auf dem Hof mithalfen, wohnten ebenfalls im Haus. Sie arbeiteten mit und somit redeten und entschieden sie auch immer mit. Alles wurde am Tisch beredet und sie sagten auch zu allem ihre Meinung. Waren mein Mann und sein Vater geteilter Meinung, fielen ihm seine Brüder auch noch in den

Rücken, denn jeder wollte dem Vater am nächsten sein, ihm gehörte ja auch noch der Betrieb. So zog mein Mann den Kürzeren. Ich hatte damals nichts mitzureden. Meine Schwiegermutter war die Einzige, die oft gleicher Meinung wie ihr ältester Sohn war und ihn auch unterstützte, aber nichts damit bewirkte – außer vielleicht noch Ärger mit ihrem Mann zu haben.

Im Laufe der Jahre hat sich unsere Familie vergrößert: Unsere Tochter bekam noch vier Brüder. Ich war eingespannt mit den fünf Kindern und der vielen Arbeit auf dem Hof und im Haushalt. Es war schwierig, ich konnte mit meiner Schwiegermutter nicht mithalten. Ich hatte weder ihre Schnelligkeit noch ihre Geschicklichkeit, aber wir verstanden uns fast immer und sie hat mir auch immer sehr geholfen. Dafür bin ich ihr heute noch dankbar. In den 23 Jahren, in denen ich auf dem Hof lebte und arbeitete, hatten wir nur sehr wenig Streitigkeiten, höchstens hin und wieder Differenzen. Sie hatte selbst zu ihrer Schwiegermutter kein gutes Verhältnis und hat sich deshalb stets um ein gutes Miteinander bemüht. Das rechne ich ihr ganz hoch an.

Die Brüder heirateten dann auch sehr schnell, zogen aber nur in den Nachbarort. Damit waren sie dann trotzdem immer da: Sie halfen mit und redeten viel zu viel mit. Einige Jahre später wurde auf dem Hof ein Schlachthaus gebaut zur Eigenvermarktung unserer Schweine und Bullen. Mein Schwager, gelernter Metzger, betrieb dieses und die zu schlachtenden Tiere kamen vom Betrieb des Vaters. Zunächst ging er noch ins Geschäft, doch mit zunehmender Mehrarbeit in seinem Vermarktungsbetrieb machte er dies dann hauptberuflich. Jetzt kam er morgens und war den ganzen Tag bei uns auf dem Betrieb.

Als wir den Betrieb vom Schwiegervater übernahmen, gaben wir die Milchviehhaltung auf, hatten dann irgendwann im Laufe der Zeit 60 Mutterkühe mit Nachzucht. Mein Mann ging nebenher arbeiten, um noch Geld dazuzuverdienen. Die Schwiegereltern, die Kinder und ich arbeiteten im Betrieb. Jeder hatte sein Aufgabengebiet. Meines bestand hauptsächlich darin, für den im Frühjahr angesagten Weidegang die Viehweide einzumachen, Pfosten reinzuschlagen, Draht zu befestigen, den Zaun auszumähen, Wasserfässer zu fahren, Kälber zu marken ... Das war meine Arbeit, meine Welt. Ich liebte das Frühjahr, wenn die Wiesen wieder grün wurden, die Bäume blühten und die Kühe mit ihren Kälbern auf die Weide getrieben wurden. Es war einfach toll, wie die Kühe mich kannten und zum Teil aufs Wort hörten. Auch den Garten liebte ich. Das Säen und Pflanzen. Überall waren Blumen um das Haus.

Als der Schwiegervater dann in Rente ging, arbeitete er nicht mehr so viel. Ein paar Jahre versorgte er noch die Mastschweine. Später übernahmen unser ältester Sohn und ich diese Aufgabe. Als er dann eine Lehre anfing, half mir unser jüngster Sohn, der diese Aufgabe mittlerweile alleine erledigt. Die Hühner waren und blieben Schwiegermutters Aufgabe.

Das große Highlight des Jahres war unser Hoffest. Wochen vorher schon wurde Ordnung gemacht, gekehrt, geputzt und sogar extra ein Spielplatz angelegt. Ohne fremde Hilfe, nur mit der Familie, den Geschwistern, Onkel und Tanten und guten Freunden wurde gekocht und gebacken. Jeder hatte seinen Aufgabenbereich und alle fleißigen Hände wurden danach belohnt.

Irgendwann, als die Kinder größer und selbstständiger wurden, fingen die Schwierigkeiten an. Sie ließen sich von ihrem Onkel, der ja den ganzen Tag in seiner Metzgerei auf dem Hof war, nichts mehr dreinreden. Sie wollten die Arbeit nach ihrer Weise erledigen, ich ließ sie gewähren. Mir war wichtiger, dass sie gerne mithalfen und die Arbeit ordentlich erledigten. Doch der Onkel mischte sich immer ein. Es gab immer häufiger Streit. Das wurde immer schlimmer, bis er sich mit meinem Mann verkrachte und nach mehr als zwölf Jahren seine gut gehende Metzgerei auf dem Hof aufgab und wieder ins Geschäft ging. Das schockierte meinen Schwiegervater sehr. Zugegeben, er hat mir die Jahre zuvor auch oft geholfen, als mein Mann zur Arbeit war und die Kinder noch klein waren. Da ist er ab und zu eingesprungen, was für mich sehr hilfreich war. Ich habe ihm im Gegenzug dann zu Hauptzeiten wie Weihnachten, Ostern im Metzgerladen beim Verkauf ausgeholfen.

Nach einem Streit mit meinem Schwiegervater trennten wir unsere gemeinsame Haushaltsführung. Den Haushalt erledigte ich oft abends, wenn alle anderen schon längst schliefen. Oft habe ich nachts erst um ein Uhr aufgehört zu bügeln. Tagsüber gab es die Arbeit im Stall und auf der Weide, Mittagessen kochen, Hausaufgaben betreuen, Vokabeln abfragen, Heu und Stroh einfahren und abends dann die Hausarbeit. Mein Leben war die Familie, die Freunde der Kinder waren immer alle herzlich willkommen. Beim Abendessen zehn Personen am Tisch zu haben, war keine Seltenheit. Die Kinder halfen bei der Hofarbeit mit zunehmendem Alter auch mehr und mehr mit, sogar im Winter bei wochenlangem Holzspalten waren sie tatkräftig dabei. Nur was ich mit den Kindern nicht erledigen konnte, wie das Getreidespritzen oder das Pflügen im Herbst, das erledigte mein Mann am Abend oder am Wochenende. Somit kam natürlich die Privatsphäre viel zu kurz. Der einzige Ausgleich für mich war das monatliche Treffen mit den Feuerwehrfrauen.

Ich vermutete es schon Jahre, doch ich wollte es nicht wahrhaben, verdrängte die Gedanken, hielt an meiner Familie fest. Doch als Frau fühlt man, wenn sich der Partner in seinem Innern verändert. Ich ahnte, dass er ein Verhältnis zu einer anderen Frau hat. Bei einem Streit habe ich ihn danach gefragt. Seine Reaktion werde ich nie vergessen. Er war entrüstet und warf mir vor, dass ich mit meiner Eifersucht und meiner Einbildung die ganze Familie zerstören würde. Ich wusste manchmal nicht mehr, was richtig oder falsch war, was tatsächlich war und was ich mir nur einbildete. Und das, obwohl es Jahre vorher schon mal dasselbe Spiel gab. Erst hatte er alles abgestritten und mich dann beschworen, ihn nicht zu verlassen, es wäre nur ein einmaliger Ausrutscher gewesen. Ich hatte ihm verziehen!

Weihnachten 2008 war die Situation sehr angespannt: die viele Arbeit, Geldsorgen, Eheprobleme ... Unsere drei großen Kinder waren schon in Ausbildung oder berufstätig, halfen aber trotzdem noch auf dem Hof mit. Auch die zwei jüngeren Schulkinder unterstützten mich jeden Nachmittag nach den Hausaufgaben. Ich funktionierte nur noch, doch meine Kräfte ließen allmählich nach. Ich hatte mich inzwischen einer Freundin anvertraut, das war mein einziger Halt. Wegen dieser Freundin kam es dann zur drastischen Wende in meinem Leben, im Leben unserer ganzen Familie. Auf der Rückfahrt von einem Verwandtenbesuch rief sie mich auf meinem Handy an – ihre Schwiegermutter war schwer erkrankt und sie brauchte jemanden zum Reden. Wir telefonierten eine ganze Stunde lang und ich kam später nach Hause. Mein Mann machte Terror und wollte von mir wissen, bei welchem Kerl ich gewesen sei. Er wüsste schon lange, dass ich einen anderen hätte. Ich war so schockiert, dass ich ihm nichts von dem Telefonat erzählt habe. An diesem Tag fasste ich den Entschluss, etwas zu unternehmen. So konnte und wollte ich nicht mehr weiterleben. Nur wenige Tage später erwischte ich ihn mit der anderen.

Ich könne mit den Kindern im Haus wohnen bleiben, den Haushalt machen, die Büroarbeit für den Betrieb weitermachen. Mit dem Außenbetrieb hätte ich nichts mehr zu tun. Er würde ausziehen und täglich auf den Hof zum Arbeiten kommen. So hatte sich das mein Mann vorgestellt. Ich war entsetzt. Nein – die Stelle der Putzfrau und Magd wollte ich auf keinen Fall. Oder vielleicht doch, der Kinder wegen? Nie würden sie vom Hof weggehen. Würde ich gehen können und die Kinder zurücklassen? Ich hatte doch die Verantwortung für sie. Ich wusste nicht mehr ein noch aus. Diese Entscheidung zu treffen, nebenher jeden Tag zu funktionieren, das kostete mich sehr viel Kraft. Die Gespräche mit den Familienberatern des Evangelischen Bauernwerks gaben mir die Kraft für eine konsequente Entscheidung.

An einem Sonntagabend im Juni sagten wir es den Kindern. Es begann ein unvorstellbares Drama, nachdem sie erfuhren, dass ihr

Vater schon seit sieben Jahren eine Freundin hatte. Ich würde eine Wohnung und Arbeit suchen und mit den zwei jüngsten Kindern ausziehen. Das hatte ich so entschieden. Die Großen durften für sich selbst entscheiden. Sie blieben auf dem Hof, was mir aber vorneweg klar war.

Alles geriet aus den Fugen, die Familie zerbrach. Der Auszug, das Weggehen vom Hof fiel mir sehr schwer. Alles zurücklassen, was ich jahrelang mühevoll aufgebaut hatte, es war grauenhaft. Aus dem Haushalt konnte ich nichts mitnehmen, da die drei Großen ja dort blieben. Eine Wohnung einrichten, umziehen – ohne Geld, denn ich hatte kein eigenes Konto. Ich hatte nichts! Ich geriet in schwere Zweifel, ob diese Entscheidung die richtige war. Hätte ich mehr an die Kinder denken müssen, doch auf dem Hof bleiben?

Ich fand eine Wohnung für mich und die beiden Jüngsten, nur fünf Minuten von der Schule entfernt und zehn Minuten vom Hof. Nach längerem Suchen fand ich auch eine Stelle im Verkauf. Die neue Arbeit war stressig. Von wegen Einlernphase, einem geregelten Acht-Stunden-Tag und einem freien Tag in der Woche. Alles war anders. Zwölf Stunden Arbeit mit zehn Minuten Pause, mal frei, mal nicht. Das einzig Gute daran war, dass ich sehr wenig Zeit zum Nachdenken hatte und abends einfach todmüde ins Bett fiel. Nur sonntags, da weinte ich oft. Ich vermisste meine Kühe und die Kälber. Wie oft bin ich rausgefahren und habe nach ihnen gesehen. Ja – das mache ich heute noch ab und zu mal, obwohl ich schon zwei Jahre vom Hof weg bin. Ich hätte nie gedacht, dass ich die Arbeit und das Hofleben so vermisse; es vergeht kein Tag, an dem ich nicht an die Hofarbeit denke. Wenn die Kinder abends erzählen, was sie den Tag über auf dem Hof gemacht haben, wenn ich an den Wiesen und Feldern vorbeifahre, auf denen ich früher gearbeitet habe, wenn ich andere Bauern mit ihren Maschinen fahren sehe, dann denke ich wehmütig an die Zeit auf dem Hof zurück.

Inzwischen habe ich eine neue Arbeit gefunden. Ein kleiner Laden im Dorf. Ich arbeite sehr gerne dort, habe geregelte Arbeitszei-

ten und einfach mehr Zeit für mich. Zweimal in der Woche bin ich
bei meiner Mutter. Sie musste viel mitmachen in ihrem Leben. Dass
ich jetzt mehr Zeit habe, tut uns beiden gut. Meine Wohnung habe
ich jetzt so eingerichtet, dass ich mich dort auch wohlfühlen kann.
Nur ab und zu bin ich einsam. Ich komme abends nach Hause, die
Wohnung ist leer. Kochen nur für mich allein ist heute noch komisch. Beim Essen alleine am Tisch sitzen, da kommen mir manchmal die Tränen.

Wirklich schön ist es nur, wenn am Sonntag alle Kinder da sind,
um den Tisch sitzen und erzählen. Das macht mich glücklich. Für
kurze Zeit.

Veronika, vielseitig selbstständig in Bayern

Streben nach Harmonie

Als Jugendliche, in der Stadt aufgewachsen, zog es mich immer aufs Land.

Mit meinen Eltern und Geschwistern erlebten wir im Allgäu Ferien auf dem Bauernhof. Das war wie eine zweite Heimat für mich. Die Bäuerin strahlte so viel wohltuende Einfachheit und Liebe auf mich aus, dass ich ab dem Zeitpunkt jede Ferien dort verbrachte, bis zu meiner Ausbildung. Ich lernte dort viel, vom Hand-Melken bis zum Ringelblumensalbe-Herstellen. Dort wurde mir auch die Liebe zum Heidelbeeren-Pflücken und zur Kräuterkunde ins Herz gelegt. Mein Entschluss ebenso: Ich werde Bäuerin.

Mit einem Bauernhof verbinde ich generell ein Leben in einer Gemeinschaft, mehrere Generationen unter einem Dach. Wo jeder vom anderen lernen und ihn unterstützen kann, es sollte ein Geben und Nehmen sein.

Während meiner Ausbildung zur Wirtschafterin und im späteren Berufsleben lernte ich einige Bio-Höfe kennen, wo ich alle Arbeiten in der Haus- und Landwirtschaft manuell beherrschen lernte, was sich später in schwierigen Situationen als gute Grundlage herausstellte. Es hat mich weiter dazu inspiriert, mein zukünftiges Leben auf einem Hof zu verbringen.

Meinen ersten Mann lernte ich auf einem Hof im Schwarzwald kennen, lebte mit ihm drei Jahre im Ruhrgebiet in einer Hofgemeinschaft, wo auch meine zwei ältesten Töchter geboren wurden. In dieser Zeit wurde mein Wunsch nach einem „eigenen Hof" wieder aktuell. Es zog uns wieder nach Süddeutschland, wo wir mithilfe einer lieben Freundin einen Hof im Allgäu pachten konnten. Meine Kinder waren zwei Jahre und zwei Monate alt, als wir umzogen.

Der Einzelhof lag auf einer Anhöhe, umgeben von Wald und Wiesen, weit ab vom Dorf und Nachbarn. Der erste Anblick hat mich verzaubert und magisch angezogen. Dort wollten wir leben, dort sollte unsere Heimat sein. Wir wollten eine Art Unabhängigkeit gepaart mit Selbstständigkeit, mit vielen verschiedenen Tieren, Selbstvermarktung, einem großen Garten und Natur pur.

Das Einziehen gestaltete sich etwas schwierig, da die vorherigen Pächter mit uns noch einige Wochen unter einem Dach wohnten. Es waren noch vier Kinder da und ein großer Hund, der beim Durchqueren unserer Notküche im Flur jedes Mal etwas vom Tisch wedelte. Missstimmung war vorprogrammiert. Wir wohnten in der Zeit als Notlösung in der Ferienwohnung des Verpächters. Es war recht eng, so zwischen all den Umzugkartons. So waren gleich zu Anfang gewisse Startschwierigkeiten gegeben. Die große Stube gehörte noch dem Senior-Verpächter und war mit all seinen Antiquitäten vollgestellt, für uns unbewohnbar. Es verging einige Zeit, bis uns die Erben die Stube überließen.

Nach einem Jahr war Großbaustelle im Haus. Es wurde ein richtiges Bad und die fehlende Brandmauer eingebaut. Es war mir ein Rätsel, wie die Familie vor uns es so lange mit einer Badewanne in einem Zimmer im Obergeschoss ausgehalten hatte. Der Verpächter hatte alle guten Stuben nach vorne raus, die Pächter den Rest.

„Vorne der Herr, hinten das Gscherr" war hier voll zutreffend. Der Hof wurde dann von der alten Generation an die junge übergeben. Die verbrachten meist Ostern und die Nach-Weihnachtszeit mit ihren zwei Kindern auf dem Hof. Das war immer eine erlebnisreiche Zeit für unsere Kinder. Sie haben viel zusammen erlebt wie auch angestellt.

Die langen und zum Teil schneereichen Winter waren eine Herausforderung für mich zum Fahren, vor allem, als die Kinder zur Schule gingen.

Für die Nachbarn waren wir immer „Neigschmeckte", die dann auch noch biologisch arbeiteten. Wir waren eine Art Vorreiter zu der Zeit in dieser Gegend. Die Nachbarn rissen alle Bäume und Büsche zum besseren Bewirtschaften raus, wir pflanzten sie.

Die Liebe zur biologischen Landwirtschaft und zum Hof und unsere drei Töchter waren die Gemeinsamkeiten zwischen meinem Mann und mir. Die Kinder hatten trotz allem auf dem Hof eine wunderschöne Kindheit. Sie wuchsen auf mit Kühen, Schweinen, Schafen, Ziegen, Enten, Gänsen, Hühnern, Hund und Katzen. Das Leben mit großen und kleinen Tieren war ihnen vertraut. Es gab mitzuerleben, wie im Brutapparat Enten- und Gänseküken schlüpften, und es war jedes Mal ein großes Ereignis, wenn so ein kleines Wesen sich von den Schalen befreien konnte und unter der Wärmelampe dann das erste Futter fraß. Auch war die Freude groß, wenn die Kinder Ziegen- oder Schaflämmer mit der Flasche füttern durften. Es entstanden dadurch sehr anhängliche Tierfreunde. Sobald ein Tierkind das Licht der Welt erblickte, erhielt es einen Namen. Im nahen Wald wohnten die Zwerge, Wichtel und andere Naturwesen. Ihnen haben die Kinder mit meiner Hilfe Hütten aus Ästchen und Moos gebaut. Wie in meiner Kinderstube hielten die Natur- und Elementarwesen Einzug bei meinen Kindern.

Wir konservierten zusammen viele Früchte aus dem Garten und Obstbäumen zu leckeren Vorräten. Als Selbstvermarkter-Hof hatten wir das Ziel, alles selber herzustellen. So wurde aus der Milch Käse, Quark, Joghurt und Butter. Es gab selbst gebackenes Brot, Obst, Gemüse, Eier und Fleisch vom eigenen Hof. Die Tiere kamen zu einer kleinen Metzgerei ins Nachbardorf, wo wir sicher waren, unsere Ware wiederzubekommen. Bevor ein Tier dorthin kam, haben wir uns bei ihm bedankt. Geheizt wurde mit Holz aus dem hofeigenen Wald und später mit Abfallholz aus einer Zimmerei. Es war immer ein großer Erfolg, wenn die geschichteten Holzstapel nicht einstürzten. Anfangs war es noch Spiel, später konnten wir nicht mehr auf die Mithilfe der Kinder verzichten. Im Nachhinein weiß ich, dass ich meine Kinder mit vielem einfach überfordert habe. Mein Mann bestand darauf, dass sie trotz Schule, Hausaufgaben und Musikunterricht immer mithalfen. In den Ferien hatten sie das Glück, zu Schulkameraden oder den weit entfernt wohnenden Großeltern fahren zu können.

Mit den Jahren wurde die Arbeit immer mehr, der Tierbestand größer. So waren wir auf Hilfe von Lehrlingen und Praktikanten angewiesen. Meist war ein Lehrling da, und aus verschiedenen Waldorfschulen kamen das Jahr über Praktikanten zu ihrem Landwirtschaftspraktikum. Viele waren motiviert und eine große Hilfe, konnten mit der Zeit auch selbstständig Arbeiten verrichten, manchmal aber hatte ich es mit lustlosen jungen Menschen zu tun, die froh waren, wenn das Praktikumsende in Sicht kam. Dadurch hatte ich noch mehr Arbeit. Mit einigen weiblichen Lehrlingen war es für mich schwierig. Welchem Bauern schmeichelt es nicht, wenn ihn junge Damen anhimmeln, statt sich um ihre Aufgaben zu kümmern? Da bestand ich darauf, nur noch männliche Lehrlinge einzustellen. Es hat sich als kluge Entscheidung erwiesen. Unsere Töchter, fast in der Pubertät, fühlten sich dadurch angespornt zu zeigen, was sie alles konnten.

Mit meinem Mann hatte ich eigentlich keine weiteren Gemeinsamkeiten. Ich hatte ihn nicht aus Liebe geheiratet, sondern aus Trotz meinen Eltern gegenüber, die von ihrem zukünftigen Schwiegersohn nichts hielten. Außerdem war ich schwanger und mit der ganzen Situation überfordert. In meinem Fall war es eine Entscheidung mit Folgen, die ich nur teilweise abschätzen konnte.

Finanziell hatten wir viele Probleme. Mein Mann als einziger Sohn war von Hause aus einen besseren Lebensstandard gewöhnt. Von seinen Eltern kam jeden Monat ein Betrag zur finanziellen Unterstützung. Ich war das von zu Hause nicht gewohnt. Auch machten sie mir oft klar, dass ich die falsche Frau an seiner Seite sei. So kam es oft zwischen mir und meinen Schwiegereltern zu Reibereien, auch in Bezug auf die Kinder. Die liebten Oma und Opa sehr, die ihre Enkelkinder sehr verwöhnten. Zwischen meinen Eltern und den Schwiegereltern gab es keine wirkliche Harmonie, sondern eher eine Art Machtkampf. Beide Parteien waren der Ansicht, das Beste für ihr erwachsenes Kind und die Enkelkinder zu wollen, und sie waren sich nur in einem einig: dass mein Mann und ich nicht zueinander passten. Mit den Jahren wurde mein Verhältnis zu meinen Schwiegereltern etwas besser.

Als mein Teilerbe in den Hof floss, konnten endlich größere Maschinen, ein neues Auto, neues Inventar angeschafft werden. Auch an Urlaub konnten wir denken und diesen mithilfe eines Betriebshelfers und Lehrlings auch umsetzen.

Dennoch habe ich mich vor lauter Arbeit nicht mehr wahrnehmen können, hatte kaum eine Auszeit und so habe ich mich emotional hinter einer dicken Mauer versteckt und niemanden mehr an mich rangelassen.

Auf der menschlichen Seite gab es fast nur Entbehrungen für mich. Es gab kaum Zeiten, in denen ich alleine sein konnte, ohne Arbeit. So habe ich mir eine Art Ruheinsel gesucht und bin in den Wald oder das Moor zum Beerenpflücken. Da sind sogar die Kinder manchmal mitgekommen.

Es war die Enge und Härte meines Mannes gegen sich selbst und mich, wie auch seine teilweise Lieblosigkeit den Kindern gegenüber. Er bemerkte kaum, dass sie besonders als Jugendliche seine Hingabe und Liebe suchten. Statt sich zu fragen, warum seine jüngste Tochter, die seine Ungerechtigkeiten hasste, mit der Faust eine Fensterscheibe zerschlug, gab es Schläge. Auch als die Kinder auf der Haustreppe saßen, da sie keine Lust verspürten, die Aufgabe für den Vater zu erledigen, kam er wutentbrannt daher und trieb sie mit einem Fußtritt in den Rücken dazu.

Meine immer größer werdende Kraftlosigkeit, mein inneres Alleinsein brachten mich zum Grübeln und Nachdenken. Es passte alles irgendwie nicht mehr zusammen. Vom Hof her gab es den Überfluss – ich habe seither kaum mehr so ein reichhaltiges Angebot an Naturalien gehabt – und emotional die Wüste. Mit der Lieblosigkeit, die nur Arbeit, Härte, Forderungen, Geiz und Gier kannte, wollte ich nicht weiterleben und machte mir Gedanken, dass es noch etwas anderes im Leben geben musste. Richtig bewusst wurde es mir nach meiner dritten Kur, als meine geliebte Schwester starb. Es gab kaum tröstende Worte seitens meines Mannes, meine Kinder versuchten, es auszugleichen. Er hat sich über meine innersten Gefühle hinweggesetzt und sich genommen, was er wollte.

In meinem großen Garten blühten ohne mein Zutun eine Fülle von Königskerzen – Lichtträger, wo kamen die alle her? Ich merkte, mir fehlte das innere Licht und die Zuversicht und ich wollte raus aus den dunklen Energien. Mir fehlte immer mehr die Liebe unter den Menschen, selbstlos, ohne materielle Hintergedanken. Auch ich konnte die Liebe nicht weitergeben, da ich es von meinen Eltern nicht gelernt hatte. Erst in späteren Jahren habe ich mit den richtigen Menschen an meiner Seite damit umzugehen und zu leben gelernt.

Mithilfe einer sogenannten Therapeutin, die durch die Vermittlung einer Freundin ins Haus kam, versuchten wir unsere Ehe zu retten und somit den Erhalt des Hofes. Ich wurde mit Schwarzer Magie und dunklen Energien konfrontiert, konnte mich da noch rechtzeitig herauslösen, leider mit schmerzhaften Erfahrungen. Ich habe erkannt, dass es die Frau mit vielen Sitzungen und immer wiederkehrenden Einquartierungen auf dem Hof zu finanziellem Reichtum bringen wollte. Sie hat auch kräftig abkassiert, was unsere finanzielle Situation noch mehr in die Schieflage brachte – sicher auch mit unserem blauäugigen Einverständnis. Wir haben dann noch unseren Pfarrer um Hilfe gebeten. Allerdings war mir klar, dass diese Ehe für mich beendet war und ich meine innere Stärke benötigte, was von ihr noch übrig war, um diesen Schritt zu gehen.

Mein Mann war vor und nach der „Therapie" öfters krank und so waren mit der Zeit einige Betriebshelfer, meine späteren Kollegen, auf dem Hof im Einsatz. Mir schien, er fand mit der Zeit Gefallen daran, sich öfters eine Auszeit zu nehmen, anstatt etwas am ganzen System zu ändern.

Zu spät erkannte ich, dass all das Angeschaffte, auch das gemeinsame Auto, auf meinen Mann angemeldet worden war. Von dem Geld habe ich nie wieder etwas zurückerhalten. Mit meinen privaten Habseligkeiten, meinem geerbtem Hausrat und ohne finanzielle Rücklagen – mein Mann ließ das gemeinsame Konto sperren – bin ich mithilfe des Betriebshelfers, der zu der Zeit mal wieder bei uns war, ausgezogen. Endlich waren meine Kinder alt genug, dass ich den Schritt wagen konnte und nicht noch länger aushalten musste. Dazu hatte mich mein Schwager aufgefordert – zum Wohle der Kinder. Meine zwei ältesten Töchter hatten einige Zeit vor mir schon den Hof verlassen. Die Schule war beendet und die Ausbildung stand an. Das war auch ein schwerer Einschnitt für mich. Die Jüngste wollte zuerst mit mir gehen, hatte es sich dann doch anders überlegt, da ihr Vater sie mit materiellen Gütern zum Bleiben überlistet hatte. Wir hatten erst wieder miteinander Kontakt nach ihrem Auszug dort. Ich ertrug die andauernden Hetzereien meines Mannes gegen mich, die die Kinder mitbekamen, nicht und wollte sie damit nicht noch mehr belasten.

Vorübergehend konnte ich bei einer ehemaligen Kundin wohnen, den Mietzins habe ich mit Arbeit ausgeglichen. Dort gab es auch Unterstellmöglichkeiten. Ich blieb dort, bis ich eine Wohnung gefunden und sie renoviert hatte. Eine meiner großen Töchter und Freunde halfen mir beim erneuten Umzug.

Die Verpächterin des Hofes wollte, dass der Hof von meinem Mann nur gemeinsam mit einer Frau weitergeführt wurde. So zog die Patin meiner jüngsten Tochter auf den Hof. Da sie aus ihrer ersten Ehe nur Söhne hat, sich immer eine Tochter wünschte, wollte sie meiner Tochter die Mutter ersetzen, was diese wiederum ablehnte. So war erneute Missstimmung vorprogrammiert.

Meinen Lebensunterhalt bestritt ich als Betriebshelferin. Diese Arbeit hatte ich schon in meiner letzten Zeit auf dem Hof angenommen. Ich konnte Bauersfrauen helfen, indem ich deren Arbeit tat, während sie sich erholen konnten. Es war für mich eine sehr lehrreiche Zeit. Ich sah das Bauer-Sein auch mit anderen Augen und hatte einige Aha-Erlebnisse, was Bauern alleine ohne Helfer leisten konnten.

Als ich danach arbeitslos wurde, war es für mich schwer, ohne Unterhalt meines Mannes mit den ewigen Manipulationen von kurzzeitigen Arbeitgebern, dem Arbeitsamt und den ewigen Anträgen bei den Ämtern klarzukommen. Auch die hasserfüllten Schreiben des Gegenanwalts trugen nicht gerade zu einem erfreuten Leben bei. Anstatt sich im gütlichen Einvernehmen zu trennen, was ich versuchte, wurde es ein langer hässlicher Rosenkrieg. Durch die jahrelange finanzielle Unterstützung meiner Schwiegereltern hatte mein Mann mehr Anwartschaften angehäuft und ich hatte keine Chance, mit meinem Erbe dagegenzuhalten. So ging ich vom Hof, aus der Scheidung ohne einen Cent. Mein geschiedener Mann saß somit im gemachten Nest und sollte eigentlich zufrieden sein.

Ich war manchmal sehr verzweifelt und wusste nicht weiter. Da hat mich mein Vater ab und zu, so gut er konnte, unterstützt. Unsere gemeinsamen Kinder waren entsetzt, wie sich ihr Vater veränderte, als er seine Lebensgefährtin heiratete. Er hatte sich ja immer Söhne statt Töchtern gewünscht – die hatte er jetzt. Er hat sich immer mehr von seinen eigenen Kindern abgewandt, obwohl sie immer wieder den Kontakt suchten. Anscheinend war ihm nicht ganz klar, dass wir, trotz Scheidung, immer die Eltern der wunderbaren Kinder bleiben und somit jeder die halbe Verantwortung tragen würde.

Mit Traurigkeit hat mich auch erfüllt, wie die sogenannten Freunde, die auch an meinem Tisch saßen, reagiert haben. Mit Feindseligkeit, Unverständnis, Ausspionieren, Aggression, Tratschen, wie ich jetzt wohl mit meiner Situation, die ich mir selbst ausgesucht hatte, zurechtkommen würde.

Es gab noch Menschen, ehemalige Kunden vom Hof, die mir anderes Wissen vermittelten, mich zu Vorträgen mitnahmen. So kam ich auch in Kontakt mit Geistheilern, die mir mein inneres Vertrauen in meinen Lebensweg wiedergeben konnten. Kraft und inneres Ausgerichtetsein fand ich bei einer Ausbildung in München zur Lightbody-Lehrerin. Endlich kam ich mit anderen Aspekten und Inhalten in Berührung, nach denen ich mich im Unterbewusstsein auch gesehnt hatte. Ich lernte mich selbst zu lieben und auch ganz neu kennen.

Mithilfe eines Freundes kam ich zur Tauschidee und somit zum Tauschring, wo ich seitdem Mitglied bin. Verbunden auch mit dem Interesse an der Kräuterkunde, entdeckte ich immer mehr Talente an mir, setzte sie um und konnte mir dadurch viel mehr leisten, auch genießen, anderen Menschen helfen, was vorher nicht möglich war. Jetzt machte mir das Leben wieder Freude! Ich lernte neue Freunde kennen, die für meine persönliche Entwicklung sehr wichtig waren und sind. So konnten wir uns auch gegenseitig in allen möglichen Lebensbereichen unterstützen. Je mehr Schritte ich auf dem für mich richtigen Weg ging, umso mehr Positives trat in mein Leben.

Wenn ich an den Hof zurückdenke, war für mich die größte Umstellung: weg von der Weite der Natur, ohne direkte Nachbarn, in die Enge eines Dorfes. Der andauernde Verkehrslärm, immer unter dem Blick der neugierigen Nachbarn und Vermieter, die argwöhnisch alles verfolgten, was ich tat. Sogar die Umstellung war für mich schwierig, keinen Misthaufen oder Komposthaufen zu haben, der die biologischen Abfälle aufnahm.

Wenn ich mit der Trauer über den Verlust zu kämpfen hatte, dann fehlten mir vor allem die Tiere vom Hof. Sie gaben mir immer Trost.

Wenn ich jetzt am Hof vorbei fahre, und mich an die 20 langen Jahre erinnere, die ich dort war, kommt manchmal ein wenig Melancholie auf, aber auch Stolz auf mich selbst, dass ich diesen Schritt mit allen Konsequenzen geschafft habe.

An Gewohnheiten habe ich beibehalten, dass ich nur noch dort wohne, wo es möglich ist einen Garten zu haben, mit Kräutern, Gemüse und auch Blumen. Das Wintergemüse bekomme ich von einem befreundeten Gärtner, dem ich im Gegenzug auf dem Acker helfe. Ich möchte immer wissen, woher meine Nahrung kommt.

Ich sehnte mich nach einer Partnerschaft, in der das gegenseitige Miteinander ein Geben und Nehmen ist. In der jeder den anderen so liebt und annimmt, wie er ist, und ihm seine Freiheit lässt, sich selber zu entwickeln. Inzwischen ist dieser Mensch in mein Leben getreten. Der „Herzensvater" meiner erwachsenen Kinder. Es ist ein neuer Zusammenhalt untereinander und wir gehen alle liebevoll miteinander um. Ein ganz neues Bewusstsein habe ich erhalten, als meine älteste Tochter ein schwerstbehinderter Pflegefall wurde. Es entstand ein ganz neues Miteinander. Es gab dem Leben, unserem Leben eine neue Qualität, eine Chance, anders miteinander umzugehen.

Ich blicke auf mein „altes" Leben mit Erleichterung zurück. Ich würde den Schritt vom Hof weg in das mir völlig Unbekannte nochmals gehen, wenn ich merkte, dass ich in meiner körperlichen und seelischen Entwicklung nicht vorankomme. Ich bin glücklich und zufrieden mit dem, was ich bis jetzt in meinem Leben erreicht habe. Ich fühle mich dort zu Hause, wo alles, was mir wichtig ist, in Harmonie miteinander ist.

Einen Wunsch habe ich noch: Ich möchte den Rest meines Lebens mit meinem Mann in einem eigenen kleinen Häuschen mit großem Garten leben. In einer Umgebung und Nachbarschaft, wo jeder vom anderen so respektvoll behandelt wird, wie er gerne selber behandelt werden möchte. Wo die Lebewesen – ob Tiere, Pflanzen, Bäume – mit Achtung und Liebe wertgeschätzt werden und nicht jeder nur aus finanzieller Gier handelt. Ebenso sollen alle Elementar- und Naturwesen, die es wollen, auch dort eine Heimat haben.

Ich danke meinem jetzigen Mann und meinen Kindern für all ihre Liebe und Unterstützung, dass sie mir mein neues Leben ermöglicht haben, und meinen Eltern und Geschwistern für die Geduld, die sie mit mir hatten, sowie allen Freunden, die mich auf meinem Weg begleitet haben und es noch tun.

Ingeborg Maria, Hausfrau und Mutter in Niedersachsen

Segne reichlich unsre Güter

Die drei Kinder machen uns viel Freude, nur ich persönlich bin momentan etwas komisch drauf. Ich habe Schwierigkeiten mit dem Glauben und mit meiner Schwiegermutter."

Dieser Tagebucheintrag vom November 1991 beschreibt meine ersten Jahre auf dem Hof. Zweieinhalb Jahre zuvor hatte ich meinen Mann geheiratet und war zu ihm auf den Hof gezogen. In der Zwischenzeit waren unser Sohn zwei Jahre und die Zwillinge zehn Monate alt.

Aufgewachsen bin ich im Rheinland als älteste von drei Töchtern. Meine Eltern hatten einen Handwerksbetrieb, den ich einmal übernehmen sollte. Aber leider verstarb mein Vater, als ich erst 14 Jahre alt war, und der Betrieb wurde verkauft. Meine Mutter zog in einen anderen Ort und ich verbrachte den Rest meiner Schulzeit in einem Internat. Die Wochenenden verbrachte ich bei der Schwester meines Vaters auf dem Bauernhof. Dort entstand wohl der Wunsch, einmal Dorfhelferin zu werden, um einen Bauern zu finden, auf dessen Hof ich mir meine Zukunft ausmalte. Während der Ausbildung zur Dorfhelferin lernte ich dann auch tatsächlich meinen Bauern kennen.

Als ich das erste Mal an einem Sonntagnachmittag gegen 16 Uhr auf den Hof kam, saß sein Vater mit seinem Sonntagshut auf dem Kopf und einer Zigarette in der Hand am Küchentisch und guckte mich unter dieser Hutkrempe so ein bisschen grimmig an, als wollte er sagen: Wer ist das denn? Und dann kamen aus allen Ecken irgendwelche Leute: seine Mutter, die beiden Tanten – alle in Sonntagskitteln –, dann nacheinander die Geschwister.

Schon seit seiner Geburt war klar, dass er den Hof einmal übernehmen würde. Seine Eltern hatten das so bestimmt, und er hat es nie hinterfragt.

Als ich meinen Mann kennenlernte, lebten von seinen sechs Geschwistern noch drei auf dem Hof, außerdem seine Eltern und zwei Tanten, Schwestern seines Vaters. Es war ein kleiner Hof, damals mit etwa 20 Hektar. Zwölf Kühe standen in der Anbindung auf dem Stand, es wurde noch in Kannen gemolken. Zudem gab es auf dem Betrieb damals an die 50 Sauen mit ihren Ferkeln, dazu Kälber, Rinder, Bullen, Hühner und Enten. Also so eine richtig ursprüngliche Landwirtschaft: Alles war sehr arbeitsintensiv und nur deshalb zu machen, weil so viele Menschen auf dem Hof lebten und auch mitarbeiteten. Es gab einen riesigen Garten, bestimmt einen halben Hektar groß, der die ganze Großfamilie mit Obst und Gemüse versorgte. Der Hof war so ganz anders als die Höfe, auf denen ich meine Ausbildungsjahre verbracht hatte. Dort hatte ich große Höfe kennengelernt, mit Melkständen und modernen Ställen, in denen schon mit dem Trecker gefüttert wurde. Hier ging das alles noch von Hand um viele Ecken.

Das Motto des Hofes war in einem großen Reigen auf das Fachwerkgebäude geschrieben:

Hier leben wir in Einigkeit als Gottes Kinder dieser Zeit, die Liebe ist des Hauses Hüter, drum segne reichlich unsre Güter. So hoffen wir voll Zuversicht auf Gott, denn der verlässt uns nicht.

Gott hat uns in der ganzen Zeit, seit wir zusammen sind, wirklich nie verlassen. Aber die Einigkeit, das war eine andere Sache. Das Verhältnis zur Schwiegermutter und den Tanten war mit vielen Konflikten beladen, und das ging dann auch schon gleich los in der Zeit, als ich dazukam. Die Schwiegereltern wohnten unten und die Geschwister und die Tanten wohnten noch oben und wir mittendrin. Wenn ich morgens auf das Klo gehen wollte, konnte es durchaus sein, dass die Tante da drauf saß. Es war ein wildes Durcheinander. In dieser Konfliktgeschichte kann und will ich mich jetzt auch nicht als Opfer bezeichnen. Ich habe auch ganz gut dafür gesorgt, dass es immer wieder mal knallte, weil ich einfach nicht nachgeben wollte. Das war von vornherein sehr konfliktbeladen.

Richtig stressig wurde es dann, als unser Sohn auf die Welt kam. Ich war überfordert mit dem Kind und der Situation auf dem Hof. Wir hatten oben ein kleines Wohnzimmer, eine ganz kleine Küche, ein Schlafzimmer, ein Badezimmer und ein winzig kleines Kinderzimmer. Und weil meine Schwiegermutter darauf bestanden hatte, dass ihre Tiefkühltruhe stehen blieb, wo sie immer gestanden hatte, war die Tiefkühltruhe mitten in unserer Wohnung, direkt neben unserem Schlafzimmer. Wenn ich dann abends im Bett mit meinem Mann redete, hörte ich, wie da plötzlich der Deckel der Tiefkühltruhe hochging und meine Schwiegermutter darin zu kramen anfing. Ich gehe davon aus, dass sie alles mitbekommen hat, was wir gesprochen haben. Ja, das war damals schon eine Zeit, in der ich den Hof als sehr, sehr stressig empfunden habe. Auch die viele Arbeit.

Das war so mein erstes Jahr auf dem Hof. Ich war diejenige, die eingeheiratet hatte, und wenn ich jetzt so zurückblicke, dann kann ich mit Fug und Recht sagen: Lang schon wäre jede andere Frau hier schreiend weggelaufen. Mein Mann hat wirklich immer versucht, auf meiner Seite zu sein, das war zwar nicht immer so ganz machbar, weil seine Eltern oft sehr interveniert haben. Aber er hat mir doch immer gezeigt: Du bist für mich das Allerwichtigste. Und damit habe ich die ganze Zeit hier durchgehalten.

Um Anerkennung von den Eltern zu bekommen, aber auch, um eine Marktnische zu finden, damit wir hier mit den vielen Menschen auf dem Hof überleben können, haben wir uns dazu entschlossen, eine Direktvermarktung einzurichten. Wir haben dann angefangen, den Kuhstall umzubauen, haben einen Boxenlaufstall mit einem richtigen Melkstand gebaut, auf 30 Milchkühe aufgestockt und angefangen, die Milch als Vorzugsmilch direkt zu vermarkten. Zwischendurch sind noch unsere Zwillinge geboren. Wir haben tüchtig gearbeitet. Das ging im Grunde genommen sehr gut, weil für die Kinder immer jemand da war. Es waren entweder die Tanten da oder die Oma. Ich konnte mich relativ frei auf dem Hof bewegen. Melken, füttern, Kunden anwerben oder eben Büroarbeiten machen. Das waren optimale Bedingungen, um die damalige Zeit gut zu überstehen. Denn damals lief das mit der Vorzugsmilch und der Direktvermarktung recht gut. Ich habe dann auch einen kleinen Hofladen eingerichtet und Gemüse verkauft. Das haben wir acht Jahre durchgehalten, mein Mann und ich. Dann bekam ich eine schwere Depression. Ich habe gespürt, dass ich gar nicht mehr mein Leben lebte, sondern die ganze Arbeitsbelastung auf mich nahm, um von den Eltern und Geschwistern meines Mannes Anerkennung zu bekommen. Die gab es aber nicht. Anerkennung über Arbeit, das war nicht möglich. Dazu war ich zu sehr Stadtnase, die nichts an den Füßen hatte, als sie hier eingeheiratet hatte. Ich hätte hier machen können, was ich wollte, ich war einfach nicht die erwünschte Schwiegertochter. Zumindest habe ich das damals so empfunden. Durch die Arbeit an der Depression habe ich gelernt, besser für mich zu sorgen. Mein Mann und ich haben uns dann entschlossen, ein Haus zu bauen, nur für uns ganz allein, um aus diesem Gewusel von Menschen rauszukommen. Damit wurden viele Weichen gestellt, um ein anderes Leben anzufangen. Und da gab es dann auch wieder Weite. Ich hatte mein eigenes Haus, die Kinder wurden langsam selbstständiger, die Direktvermarktung lief gut – wir hatten verschiedene Angestellte, es gab Fahrer, die die Milch ausgefahren haben, es gab Leute, die gespült und die Milch abgefüllt haben, und ich habe die Büroarbeit gemacht und mitgeholfen auf dem Hof.

Aber dann! Dann gingen die Sauenpreise – wir hatten ja trotz der Milch mittlerweile 120 Sauen mit ihren Ferkeln – in den Keller. Neben dem Haus hatten wir noch eine Halle gebaut, dies und das umgebaut und irgendwann kam dann eine Bilanz auf uns zu mit der klaren Aussage: „Leute, wenn ihr so weiter macht, habt ihr keine Chance, der Hof wird euch auffressen." Das hieß, wir arbeiteten rund um die Uhr und die roten Zahlen unter dem Strich wurden immer höher. Das war natürlich eine ganz schlimme Geschichte. Die Geschwister waren mittlerweile alle ausgezogen und ausbezahlt worden. Aber es lebten noch die Tanten und seine Eltern auf dem Hof. In dieser Zeit verstarb die jüngere der beiden Tanten plötzlich an einem Herzschlag und Oma erkrankte an Krebs. Die Situation änderte sich, denn wir hatten niemanden mehr, der uns bei der vielen Arbeit unter die Arme greifen konnte. Wir mussten teure Fremdarbeitskräfte anstellen. Mit dieser Bilanz und der Tatsache, dass wir arbeitsmäßig einfach nicht mehr rumkamen, haben wir hin und her überlegt, wie wir den Hof irgendwie noch über Wasser halten könnten. Mein Mann und ich waren uns einig: Ein Ende mit Schrecken ist besser als ein Schrecken ohne Ende. Denn jetzt hatte mein Mann noch die Chance, eine gute Arbeitsstelle zu finden, und ich konnte nebenbei ein bisschen auf dem Hof arbeiten. Kurz bevor wir uns entschlossen haben, den Hof ganz aufzugeben, ist mein Schwiegervater ganz plötzlich und unerwartet gestorben. Somit hatten wir mit der älteren Tante und der Oma nur noch zwei Altenteiler auf dem Hof.

In unsere alte Wohnung konnten wir nun Schüler eines nahe gelegenen Gymnasiums aufnehmen. Für die sorgte ich hier und hatte damit ein kleines Zubrot.

Mein Mann hat sich als Betriebshelfer in einer Nachbargemeinde beworben. Nach einer Zusage haben wir dann nach und nach die Direktvermarktung aufgegeben und unseren Kunden mitgeteilt, dass wir in den Sommerferien aufhören und sie nicht mehr beliefern würden. Dann ging im Sommer die letzte Kuh auf den Anhänger und das Melken hörte von einem Tag auf den anderen auf. Es schmerzt immer noch, daran zu denken, weil ein Stück Leben fortging und nie wieder zurückkam, ein Stück Atem, ein Stück Wärme. Das Geräusch, als die letzte Kuh auf den eisenbeschlagenen Anhänger lief, bleibt in meinen Ohren!

Ich liebte diesen unbeschreiblichen Geruch der Kühe, diese Mischung aus Milch, Silo und Kuhscheiße, die großen, lieben Augen, das Atmen und Wiederkäuen im Stall, die Wärme der Tiere. Unsere Kühe hatten alle noch Namen, jede hatte so ihre Eigenschaften, die eine ließ sich gerne kraulen, die andere war hibbelig, die eine hatte ein schlechtes Euter, aber eine gigantische Leistung von fast 10.000 Litern, die andere hatte eine schlechte Leistung, lief aber immer ganz unkompliziert mit, war nie krank ... Es macht mich heute noch traurig, wenn ich in den Stall gehe, der mir jetzt kalt und tot vorkommt.

Ich kann und will die Dinge nicht idealisieren, ich habe unsere Kühe oft gehasst, besonders an den Muttertagen, an denen keine Zeit für ein Frühstück blieb, an Weihnachten oder Ostern, wenn der Besuch bei den Verwandten mal wieder ins Wasser fiel, weil eine Kuh kalben musste. Auch dies ging fort, die regelmäßige Arbeit, das „Es kommt immer wieder was dazwischen" – entweder eine dicke Euterentzündung oder eine Kuh, die festlag und mit dem Trecker wieder aufgestellt werden musste, das Kalben am Sonntag, die verletzte Zitze nach dem Klauenschneiden.

Es blieben zunächst noch die Sauen, um die letzte Silage zu verfüttern. Fatal war, dass mein Mann, kurz bevor er seine Stelle als Betriebshelfer antreten wollte, eine Absage bekommen hatte und nun ganz ohne Arbeit dastand. Das war ein Riesenschock. Es war ein Gefühl, als ob einem der Boden unter den Füßen weggezogen wird. Ich habe nachts Albträume gehabt, wir waren beide sehr unruhig und haben in dieser Zeit unwahrscheinlich viel gebetet. Ganz ohne Existenz dazustehen, das war schwer auszuhalten. Wir hatten viel Angst. Trotzdem habe ich mich nie so wirklich im Stich gelassen gefühlt vom lieben Gott. Ich wusste schon, ich werde durchgetragen durch diese Zeit. Aus der Not heraus habe ich mich beworben. Ich bekam eine Stelle beim Jugendamt, dort arbeitete ich als Familienhelferin. Parallel dazu habe ich mich um einen Ausbildungsplatz als Familienberaterin bemüht und diesen auch bekommen. Soweit dies machbar war, habe ich an allen Ausbildungstreffen teilgenommen. Um andere Menschen beraten zu können, musste man erst seine eigene Familiengeschichte aufarbeiten. Und ich glaube, dass der liebe Gott dabei die Weichen gestellt und dafür gesorgt hat, dass ich mit Menschen, die mir nicht gefährlich werden konnten, meine eigene Situation verarbeiten konnte. Gefährlich werden konnten mir Nachbarn oder Freunde, die mich mit ihrem Unverständnis, das sie uns entgegengebracht haben, in den Keller geredet haben. In Teilen des Dorfes herrschte Verständnislosigkeit. Ich denke, dass wir hier in diesem Raum Vorreiter waren, was die Aufgabe eines prosperierenden Hofes betraf. Denn nach außen waren wir ein gut situierter Hof, der zwar verschuldet war, da haben wir auch nie einen Hehl daraus gemacht. Aber er lief ja, wir hatten unseren Sauenbestand, wir hatten die Vorzugsmilch, die Direktvermarktung, den kleinen Hofladen. Kaum jemand im Dorf hat verstanden, dass wir diesen Schritt so früh und so schnell gemacht haben. Die Stimmen der Nachbarn und der anderen im Dorf haben dieses schlimme Gefühl von Unsicherheit, von Hilflosigkeit, von Angst noch verstärkt. Die Angst vor der Zukunft ohne Hof und ohne gescheite Arbeit.

Ich habe mich damals sehr zurückgezogen. Ich war jemand, die sich nie groß mit den Leuten aus dem Dorf unterhalten hat. Das war mir viel zu gefährlich, weil ich davon ausging, dass ich durch das, was von den Eltern und den Geschwistern nach außen getragen wurde, hier die verschriene, böse Schwiegertochter war. Es ist für Frauen aus einer anderen Region hier nicht einfach, Fuß zu fassen.

Mein Mann hat auf einem großen Milchviehbetrieb in Ostdeutschland eine Stelle gefunden. Er hat dort in einem Wohnwagen gehaust und ist nur alle zwei Wochen übers Wochenende heimgekommen. Ich war mit den drei Kindern alleine auf dem Hof und habe das, was noch übrig war, so gut es ging bewirtschaftet. An den Sonntagen, an denen mein Mann nicht da war, bin ich manchmal zweimal am Tag in die Kirche gegangen. Morgens und abends, weil mir das gut getan hat. Ich hab da gar nicht gebetet. Ich hab da nur dagesessen und hatte meine Ruhe und wusste ganz genau, ich trage meine Sorgen im Herzen und brauch die dem lieben Gott gar nicht erzählen, er wird es schon irgendwie machen.

Wenn wir es nicht so gemacht hätten, hätte die Bank uns eines Tages die Entscheidung abgenommen, und dann wäre es noch katastrophaler gekommen. Und so hatten wir die Chance, mit ganz wenig Landverkauf unsere Schulden abzubauen und wieder Licht am Horizont zu sehen. Von knapp 27 ha eigenem Land mussten wir nur 7 ha verkaufen. Es war ein gutes Gefühl zu sehen, dass wir nicht weiter ins Minus, sondern langsam ins Plus kamen.

Im Nachhinein gesehen war es eine weise Entscheidung. Denn hätten wir weiterhin Landwirtschaft betrieben, hätten wir wahrscheinlich mehr Land verkaufen müssen, um die Zinsen zu bedienen.

Mein Mann hat sich dann weiter beworben. Ich hatte meinen 400-Euro-Job, die Kinder waren damals im achten bis zehnten Schuljahr. Die konnten sich schon selbst versorgen, wenn ich mal nicht da war. Die Tante hatten wir mittlerweile in einem Altersheim untergebracht und nur die Oma war noch da. Nach dem Hofübergabevertrag hat sie hier auf Lebenszeit Wohnrecht und wir müssen sie finanziell lebenslang unterstützen. Dadurch hatte die Schwiegermutter alleine deutlich mehr Geld zur Verfügung als wir mit der ganzen Familie. Damals war das für mich bitter.

Das war eine Zeit des Verarbeitens, auch eine Zeit des Rückzuges, des Sondierens, des Aussortierens. Während wir uns von einigen Freunden verabschiedet haben, haben wir zu den Nachbarn nach wie vor ein gutes Verhältnis. Mit den Geschwistern meines Mannes war es zwischenzeitlich zum totalen Streit gekommen. Wir hatten viele Jahre keine Ebene mehr, auf der wir noch irgendwelche persönlichen Sachen sprechen konnten. Begegnungen wurden tunlichst vermieden. Das hat sich damals schon sehr zugespitzt. Die Verständnislosigkeit von allen Seiten war schwer auszuhalten. Erst jetzt können wir uns wieder zu Omas Geburtstag oder anderen Familienfesten im Geschwisterkreis treffen und miteinander reden.

Nachdem die Kühe weg waren, haben wir auf dem Hof immer, wenn wir Zeit hatten, umgebaut, um möglichst viel Raum verpachten zu können: die Sauenställe an einen großen Sauenhalter, meine Pferdeställe an einen Tierarzt, der mit seinen Stuten hier einzog. Die Wohnung drüben, in der einige Jahre Schüler gewohnt hatten, haben wir nach dem Umbau an Referendare vermietet. Die Ländereien werden von Nachbarn bewirtschaftet. Damit hatten wir uns verschiedene Standbeine geschaffen. Mit den Pachteinnahmen und den Mieten konnten wir das Altenteil bezahlen, die Schulden bedienen und sogar für uns wieder etwas Geld erübrigen. Denn es ist ja nicht gerade wenig, was Kinder im Studium so brauchen.

Mein Mann hat sich weiter beworben und noch einige Male die Stelle gewechselt, bevor er 2007 seine Traumstelle fand. Das war für uns ein wichtiges Jahr. Vor dem Stellenwechsel haben wir nochmals eine therapeutisch begleitete Freizeit der katholischen Kirche besucht. Dort haben wir nochmals auf den Hof zurückgeblickt und Bilanz gezogen. Mit Blick nach vorne haben wir überlegt, wie wir dieses neue Leben aktiv gestalten könnten. Als wir aus diesem Urlaub kamen, war mir klar: Ich möchte möglichst viel von dem nachholen, was mir in der Zeit mit Hof nicht möglich war. Ich möchte die letzten Jahre, die unsere Kinder noch mit uns leben, ganz bewusst genießen. Als Erstes habe ich alle ehrenamtlichen Tätigkeiten, auch die Familienberatung, aufgegeben und meine Tätigkeit beim Jugendamt gekündigt. Heute bin ich sehr dankbar dafür, dass ich die drei Jahre mit unseren fast erwachsenen Kindern sehr bewusst noch erleben konnte, bevor sie das Haus zum Zivildienst und Studium verlassen haben. Als kleine Kinder hatte ich sie nie wirklich mitgekriegt. Da waren sie entweder bei Oma oder bei den Tanten und ich habe mich um alles andere gekümmert, nur nicht um unsere Kinder.

Als diese späte Familienphase beendet war, wollte ich mich nochmals einer ganz neuen Aufgabe stellen, nämlich ein Pflegekind aufnehmen. Zum einen kann ich sehr gut mit Jugendlichen umgehen, zum anderen wollte ich auf dem Hof bleiben, um meine eigenen Pferde und die Einstellerpferde zu versorgen, meinem Mann eine gute Frau und Stütze bleiben und unseren Kindern immer ein gutes Zuhause bieten zu können.

Unsere Pflegetochter ist vor einem Jahr bei uns eingezogen. Sie ist jetzt sieben Jahre alt. Ich freue mich, dass ich ihr eine Heimat geben kann. Ich habe mit 14 Jahren damals meine Heimat verloren, weil meine Mutter den Betrieb verkauft hat. Erst auf diesem Hof habe ich wieder eine Heimat gefunden. Die Erdverbundenheit meines Mannes hat mich immer sehr beeindruckt und vielleicht war es auch meine Sehnsucht nach Verwurzelung, die mich auf einen Hof geführt hat.

Als Kind wollte ich immer Missionarin werden. Ein klein wenig von diesem Wunsch kann ich jetzt verwirklichen. An meinem 50. Geburtstag bin ich mit einem Priester zusammen für drei Wochen nach Brasilien geflogen, um dort verschiedene missionarische Einrichtungen zu besichtigen. Heute kann ich das, was übrig bleibt, dorthin überweisen und weiß, wo das Geld landet. So fühle ich mich als Dienerin Gottes, die mit ihrem kleinen Scherflein dazu beiträgt, in der großen weiten Welt etwas Gutes zu tun.

Mein Mann und ich haben ein neues Leben angefangen, ein anderes Leben, welches mit unserer gemeinsamen Zeit in der Landwirtschaft überhaupt nicht mehr zu vergleichen ist.

„Vergleichen ist vom Teufel", sagte meine Oma früher immer, deshalb möchte ich auch nicht vergleichen, sondern jeden Tag, den ich leben darf, so gestalten, dass er lebenswert ist.

Bärbel, Sozialpädagogin in Baden-Württemberg

Hotel Mama zieht aus

Ende der siebziger Jahre, als ich auf der Zielgeraden zum Abitur war, gab es Aussteiger, die es gewagt haben, irgendwo möglichst in einem warmen Land eine Existenz als Selbstversorger aufzubauen. Meine Geschichte ist im Windschatten dieser Bewegung einzuordnen. Wir Jüngeren in der Stadt, die nächste Generation von Leuten, die es zurück aufs Land zog, lernten zunächst ein Handwerk, um vorbereitet zu sein auf das, was wir uns vornahmen: ein selbst bestimmtes Leben auf dem Land, möglichst weit entfernt von dem, was sich in der Stadt abspielte. Die kommunale Situation war geprägt von Verkehrspolitik, erste grüne Pflänzchen versuchten, auf den Verkehrsinseln als Sonnenblumen in der politischen Landschaft Wurzeln zu schlagen.

Nach dem Abitur also lernte ich Bäckerin, machte die Gesellenprüfung. Die Idee, im Anschluss daran zu studieren, verschob ich auf später. Das Backen machte mir so viel Spaß, dass ich das so lange machen wollte, bis es mir keinen Spaß mehr machte. Viele von den Leuten, mit denen ich zu tun hatte, wurden Landwirte. Auch der Mann, mit dem ich das erste Kind erwartete, war in der Stadt aufgewachsen und war nun Bauer. Die ersten Jahre lebten wir in einem Weiler im Schwäbischen Wald, in einem kleinen Haus, das mein Freund als Zivi bezogen hatte. Nach ein paar Jahren, in denen wir beide arbeiteten, er als Betriebshelfer, ich als Bäckerin, wollten wir gern an einem Ort beides: leben und arbeiten, am besten in einer größeren Gemeinschaft. Gemeinsam mit Freunden und Freundinnen suchten wir nach einem Hof, der uns allen die Möglichkeit geben sollte, so zu wohnen und zu arbeiten, wie wir es schon lange vorhatten.

Wir wurden Pächter eines Biohofes, eines Gutshofes im Schwäbischen Wald. Die Pachtbedingungen waren sehr günstig, da die Verpächter großes Interesse hatten, dass der Hof weiterhin nach biologisch-dynamischen Richtlinien geführt würde. Es war ein Milchviehbetrieb, der viele Jahre von einer Verwalterfamilie bewirtschaftet worden war.

Zu sechst zogen wir dort ein. Drei von uns waren Pächter und lebten von der Landwirtschaft, die beiden Landwirte und ich als Bäckerin. Die anderen drei Erwachsenen arbeiteten auch außerhalb des Hofes. Wir und ein anderes Paar hatten schon Kinder, zwei kleine Mädchen.

Die Geschichte dieser Betriebsgemeinschaft war wechselvoll: Menschen kamen dazu und gingen, viele Mitarbeiter und Mitarbeiterinnen, Lehrlinge, Praktikantinnen teilten unser Leben und gestalteten es mit.

Nach sieben Jahren hatte sich die Idee des neuen Lebens- und Arbeitsmodells für uns erschöpft, wir blieben als Familienbetrieb zurück, mit inzwischen zwei Kindern. In dieser Zeit hatte ich eine Holzofenbäckerei mit Hofladen aufgebaut. Ich führte den Haushalt und wir vermieteten eine Ferienwohnung.

Die Kinder wuchsen auf dem Hof auf. Wir waren beide da und konnten auf sie aufpassen. Dazu gab es die vielen Menschen, die auf dem Hof waren. Im Nachhinein denke ich, dass mein wichtigster Grund, auf einen Hof zu ziehen, der war, dass es für Kinder gut ist, in so einer Umgebung aufzuwachsen. Es war für mich nicht vorstellbar, als Frau mit Kindern allein in einer Wohnung zu sitzen, während der Mann arbeiten geht. Bestimmt haben mich auch Astrid Lindgrens Bild von Erziehung und das Leben in Bullerbü stark geprägt. Immer noch bin ich der Meinung, dass Kinder Freiräume brauchen und Eltern, die diese schaffen und begleiten. Und dafür eignet sich die bäuerliche Lebensweise ausgesprochen gut. Beide Eltern und viele Menschen sind da und gehen ihrer Arbeit nach, die Kinder sind dabei oder gehen ihre eigenen Wege, und wenn sie es brauchen, hat jemand für sie Zeit. Der Rhythmus wird durch den Kuhstall vorgegeben, durch die Mahlzeiten, durch die Jahreszeiten und das Wetter. Die Kinder müssen und dürfen sich einordnen. Das mit dem „Dürfen" meine ich ernst: Die Struktur auf dem Hof hilft allen, die passenden Rollen einzunehmen: den Eltern, die den Alltag moderieren, ohne Alleinunterhalter für die Kleinfamilie spielen zu müssen; den Kindern, die dort wachsen und sich entwickeln können, wichtig sind, ohne immer im Mittelpunkt zu stehen.

Irgendwann war alles getan!

Ich hatte eine Bäckerei und eine gut funktionierende Direktvermarktung aufgebaut und viele Jahre betrieben. Als mir das Backen keinen Spaß mehr machte, gab ich diese Arbeit auf und löste den Betriebszweig auf. Das ging nicht so schnell, wie es erzählt ist. Von der ersten Unlust bis zum großen Abschiedsfest vergingen fünf Jahre.

Die Kinder waren schon groß, noch nicht ganz, aber auf dem Weg dorthin. Den ersten Hund, vielleicht als Ersatz für die Kinder, hatte ich auch erzogen. In der Beziehung hatten wir genug gestritten und uns wieder versöhnt.

Und ich war lange auf der Suche nach einer neuen beruflichen Herausforderung. Auf dem Melkschemel bzw. im Melkstand wollte ich nicht den Rest meines Arbeitslebens verbringen.

Auf dem Hof hängt alles zusammen, die Liebe, die Familie, Freunde, Arbeit, Leben. Jede Veränderung bringt alle anderen Bereiche auch in Bewegung oder beeinträchtigt sie, je nach Einschätzung. Meine beruflichen Ideen entwickelten sich weg vom Hof: Bildungs- oder Beratungsarbeit im Erwachsenenbereich. Das passte nicht so richtig ins Bild. Wer sollte meine Arbeit auf dem Hof machen? Schlimmer noch: die Energie, die dem Hof damit entzogen würde. Wir waren schon weit entfernt von der Idee, dass das Leben auf dem Land uns und unseren Kindern die besten Entwicklungsmöglichkeiten bot. Der Hof, die Landwirtschaft, die Kühe, der bäuerliche Habitus hatten inzwischen die Hauptrolle übernommen, zumindest kam mir das so vor. Dabei fühlte ich mich wie einer der Apfelbäume am Wegrand neben einer Viehweide ganz in der Nähe des Hofes: Er ist all die Jahre über nicht richtig gewachsen, er hatte wohl keine richtigen Wurzeln an dieser Böschung geschlagen. Ich konnte auch nicht so richtig anwachsen in der bäuerlichen Umgebung.

Als mein Unglück immer größer wurde, war mein Weggehen unvermeidlich.

In einem Winter wusste ich: Das Brennholz, das die Bauern grad im Wald machten, würde ich nicht mehr verbrennen. Es war so schwer, zu einer Entscheidung zu kommen. Ich wusste, dass ich alles loslassen musste, was ja so unentwirrbar zusammenhing. Wenn ich ginge, gäbe ich alles auf: Mann, Kinder, Arbeit, Wohnung, Freundeskreis. Ich würde ja auch den Hof gefährden, da mein Mann das nicht allein schaffen würde. Er wollte aber auf gar keinen Fall den Hof verlassen und etwas anderes machen. Es war bestimmt keine zielgerichtete Aktivität, aber ich begann das Haus von oben bis unten aufzuräumen, alles zu sortieren und auszumisten. Vielleicht trug dieses Sortieren und Loslassen dazu bei, dass sich auch im Beziehungsgeflecht viel entwickeln konnte.

Die Geschichte selber hört sich sehr banal an: Eine junge Mitarbeiterin mit Freude an der Landwirtschaft kam auf den Hof. Ich wurde eifersüchtig mit allem, was dazugehört, bis es endlich zur Trennung führte. Der Hof auf jeden Fall war gerettet. Und ich auch. Ich ging. Das Schlimmste war, dass ich mein Kind verlassen habe.

Vom Hof, vom Mann, von den Freundinnen und Freunden, den Nachbarinnen und Kollegen habe ich mich verabschiedet. An meinem letzten Tag lud ich noch zu einem Abschiedsfest ein. Das war ein guter Abschluss. Mein Sohn blieb auf dem Hof. Er war sechzehn Jahre alt. Meine Tochter lebte schon lange nicht mehr dort, sie war auf dem Internat gewesen und inzwischen beim Studium. Nach zwei Besuchen war mir klar, dass ich nicht mehr auf den Hof gehen konnte.

Danach war es schwer, den Kontakt zu meinem Sohn aufrechtzuerhalten. Er hatte anderes im Kopf, als seine Mutter zu besuchen.

Ich hätte gern noch für ihn gesorgt. Gut war, dass eine meiner Schwestern gesagt hat: „Hör jetzt auf zu jammern, seine Entwicklungsaufgabe ist Ablösung!" Die andere Schwester hat mir ein Zimmer in ihrer neuen Wohnung angeboten, für die sie grad eine WG-Partnerin gesucht hat. Auf dem Weg durchs Labyrinth der beruflichen Neuorientierung war mir klar geworden, dass ich ohne Papier nicht weiterkommen würde. Daher hatte ich mich bereits ein paar Monate zuvor für einen Studienplatz für Sozialpädagogik beworben und auch bekommen. Und dazu hatte ich noch einen Job bei Bekannten in einem Bioladen gefunden. Und das alles innerhalb von zwei Wochen. Das Langwierigste war die Entscheidung, alles loszulassen. Danach hatte ich die Hände frei für Neues.

Mein Schritt nach vorn war auch ein Schritt zurück, in meine Heimatstadt, in die Nähe meiner Eltern und Geschwister. Gut war auch, dass ich während der Zeit auf dem Hof viele Kontakte gepflegt hatte, die nichts direkt mit dem Leben dort zu tun hatten. Diese Menschen gab es noch und ich hatte zumindest einige gute Freunde und Bekannte, die mich in die nächste Phase begleiteten.

Nun sind sieben Jahre vergangen.

Den Kühen habe ich keinen Moment nachgeweint. Ab und zu gehe ich gern aufs Land, aber nur zu Besuch zu einer Freundin. Ich bin eine Stadtpflanze und fühle mich im städtischen Raum wohl und viel freier, als ich es auf dem Land erlebt habe. Aber ich glaube auch, dass das, was ich mir unter Landleben vorgestellt habe, etwas anderes ist, als auf einem Hof, einem landwirtschaftlichen Betrieb zu leben. Eher so etwas, was heute unter dem Schlagwort „Landlust" vermarktet wird.

Meinen beruflichen Weg habe ich gefunden. Während des Studiums habe ich meinen Schwerpunkt auf die Arbeit im Stadtteil gelegt und bekam dann direkt im Anschluss eine Stelle in diesem Arbeitsfeld. Dafür waren meine Erfahrungen als Bäckerin und Bäuerin gute Voraussetzungen, da ich gleich in einer Leitungsposition war. Inzwischen steht der nächste berufliche Schritt an, der mich wieder in Richtung der Beratung und Bildung führen soll, wie ich es mir vor langer Zeit vorgenommen hatte.

Die Kinder sind jetzt wirklich groß, haben ihre Berufsausbildungen beendet, zumindest in der ersten Runde. Sie sind erwachsen geworden. Und sie sind zu solchen Menschen geworden, wie ich es nicht erwartet, aber gewünscht habe: die Verantwortung für sich und andere übernehmen können und wollen, die sich zurechtfinden in der Welt, auf dem Land oder in der Stadt. Und wenn sie auch oft den Druck erlebt haben, der die Arbeit in der Landwirtschaft kennzeichnet, nehmen sie sich immer wieder die Zeit, auszuatmen und anzuhalten, bis sie sich über ihren nächsten Schritt im Klaren sind. Vielleicht habe ich sie ein bisschen zu früh aus dem Nest gestoßen oder wie mein Sohn mal geäußert hat: „Bei mir ist das Hotel Mama ausgezogen." Darüber habe ich genug Tränen vergossen.

Die Trauer über die Trennung von meinem Mann war vermischt über die Erleichterung, den Hof los zu sein. Das eine ohne das andere war nicht möglich.

Für mich ist es gut so. Ich bin nicht immer glücklich, aber immer wieder. Ich bin meistens zufrieden. Mit dem neuen Leben sind viele neue Kontakte und Beziehungen entstanden und einige alte sind geblieben. Und inzwischen fühle ich mich nicht mehr umgetopft, sondern angewachsen und schlage Wurzeln.

Wer loslässt, hat zwei Hände frei, immer wieder.

Herzlichen Glückwunsch, Ulrike Siegel!

Im November 2010 erhielt Ulrike Siegel den Verdienstorden der Bundesrepublik Deutschland. Damit reiht sie sich ein in eine beispiellose Liste derer, die sich um die politische, kulturelle und geistige Entwicklung unseres Landes verdient gemacht haben. Ulrike Siegel wurde ausgezeichnet „für die Dokumentation agrarkultureller Werte innerhalb biografischer Lebensentwürfe bis zum heutigen Zeitpunkt, was anhand der Bauern-Erinnerungsbücher zum Ausdruck kommt."

Besuchen Sie *www.ulrike-siegel.de* oder *www.buchweltshop.de* und klicken die neue Kurzdokumentation über Ulrike Siegel an – spannend und informativ.

ULRIKE SIEGEL
reihenweise bewegende Lebensgeschichten

Eine Auswahl der besten Geschichten von Ulrike Siegel gibt es auch in diesen drei Großdruck-Bänden:

Großdruck
Wenn Bauerntöchter erzählen ...
| Ulrike Siegel (Hrsg.)
280 Seiten, Broschur
€ 12,95
ISBN 978-3-7843-3488-2

Großdruck
Wenn Bauerntöchter wieder erzählen ...
| Ulrike Siegel (Hrsg.)
280 Seiten, Broschur
€ 12,95
ISBN 978-3-7843-5005-9

Großdruck
Wolltest du Bäuerin werden?
| Ulrike Siegel (Hrsg.)
304 Seiten, Broschur
€ 12,95
ISBN 978-3-7843-5095-0

LV·Buch im Landwirtschaftsverlag GmbH · 48084 Münster

Persönlichkeiten unserer Zeit erinnern sich an ihre ländlichen Wurzeln

Bauerntöchter im Gespräch mit ihren Müttern

Bauernsöhne erzählen ihre Geschichte

Frauen erzählen aus ihrem neuen Leben

Kein Rindvieh – bloß kein Rindvieh
| *Ulrike Siegel (Hrsg.)*
176 Seiten, Hardcover
€ 14,95
ISBN 978-3-7843-3470-7

Wolltest du Bäuerin werden?
| *Ulrike Siegel (Hrsg.)*
176 Seiten, Hardcover
€ 14,95
ISBN 978-3-7843-3487-5

Boden unter den Füßen
| *Ulrike Siegel (Hrsg.)*
216 Seiten, Hardcover
€ 14,95
ISBN 978-3-7843-5045-5

„Und plötzlich war ich Bäuerin"
| *Ulrike Siegel (Hrsg.)*
192 Seiten, Hardcover
€ 14,95
ISBN 978-3-7843-5097-4

Ulrike Siegels erfolgreiche Bauerntöchter-Reihe

Jede der Erinnerungen der Frauen zeigt, welche Bereicherung, aber auch welchen Verzicht diese besondere Kindheit auf dem Land für jede Einzelne bedeutete.

Das Bauerntöchter-Paket:

Die erfolgreichen 3 Bände im hübschen Geschenkschuber: mit über 60 Lebensgeschichten aus ganz Deutschland!

Immer regnet es zur falschen Zeit
Gespielt wurde nach Feierabend
Wie leicht hätte es anders kommen können

| *Ulrike Siegel (Hrsg.)*
528 Seiten, Broschur, € 19,95
ISBN 978-3-7843-5034-9

Immer regnet es zur falschen Zeit
| *Ulrike Siegel (Hrsg.)*
176 Seiten, Broschur, € 8,95
ISBN 978-3-7843-5107-0

Gespielt wurde nach Feierabend
| *Ulrike Siegel (Hrsg.)*
176 Seiten, Broschur, € 8,95
ISBN 978-3-7843-5130-8

Wie leicht hätte es anders kommen können
| *Ulrike Siegel (Hrsg.)*
176 Seiten, Broschur, € 8,95
ISBN 978-3-7843-5131-5

Erhältlich in jeder Buchhandlung
oder unter www.buchweltshop.de

LV·Buch
im Landwirtschaftsverlag GmbH, 48084 Münster

1. Auflage 2011

© Landwirtschaftsverlag GmbH, Münster-Hiltrup, 2011

Lektorat:	Dr. Roland Gläser, Brackenheim
Korrektorat:	Dorothea Raspe, Münster
Gestaltung Umschlag:	Monika Wagenhäuser, LV·Buch
Gestaltung Innenteil:	KreaTec – Grafik, Konzeption und Datenmanagement im Landwirtschaftsverlag GmbH, Münster
Druck:	Westermann Druck Zwickau GmbH

ISBN 978-3-7843-5170-4